普天之下・盡是好書

普天出版家族
Popular Press Family

凌雲文創
A-Plus Creative Company

換個說詞，就能改變對方的態度

CHANGE ANOTHER WAY TO TALK

看穿人性弱點 厚黑說話術

戴爾・卡內基曾說：
「如果你想要別人接受他們不想接受的要求，只需將這些要求包裝在他們喜歡聽的話語之中。」
確實如此，不論溝通、談判或是推銷自己的想法，想要順利達成目的，
就必須先看穿對方潛藏的心思，然後用對方最喜歡聽的話語，巧妙地傳達自己的意思。
如果你能在言談間看穿對方正在想什麼，便可以透過誘導式的說話方式，
牽引對方往自己設定的方向走。

王照——編著

●出版序●

和別人打交道，要掌握說話辦事技巧

懂得如何說話辦事是絕大多數成功人士的兩大資本，想打開人生的僵局，想開創前程遠景，你就必須成為一名說話的高手，辦事的專家。

法國哲學家拉布呂耶爾說：「有時候，談話的妙處並不在於表達自己的想法，而是在引發別人的想法，讓他主動接受自己的觀點。」

深諳說話的藝術，人與人之間就可以在融洽愉悅的氣氛中，交流彼此的想法和看法。有時候，你和對方並沒有交集，但是，透過巧妙的說話技巧，卻可以讓彼此敞開胸懷，順利達成自己的目的。

想提昇自己的競爭力，和別人打交道，一定要掌握說話辦事的訣竅。

說話是一門技巧性很強的應對藝術，直接影響一個人辦事的成功率。也許，你對這種說法不屑一顧，甚至認爲有些可笑。事實上，你會這麼認爲，是因爲你尚未眞正悟透說話的奧妙。

美國加利福尼亞大學羅伯爾克在《說話的九大力量》一書中說：「說話看起來輕而易舉，就是要把自己要說的意思表達給對方即可。這是絕大多數人的觀點，當然也是一種淺薄的觀點。我只想問這些人一個問題，為什麼有人在應聘的時候，能夠巧妙展現自己說話的藝術，一下子就勾住老闆的心？為什麼有人應答起來張口結舌，像松鼠一樣顫抖，給老闆留下能力極弱的感覺？很顯然，說話起了關鍵性的作用。」

通用公司前總裁傑克·威爾許有一句名言：「員工的說話能力，是素質高低的試金石。」

威爾許歷練豐富、閱人無數，會這麼說，自然有一番道理。因爲，他知道最高明的說話高手深諳把自己心中的話變爲成功的因子。

說話是聰明人的成功學問。例如，戰國時期「名嘴」張儀和蘇秦就是靠高妙的說話藝術打出了「合縱連橫」的戰術，諸葛亮「舌戰群儒」更是說話的千古一絕的精彩案例。

再如第二次世界大戰時「鐵腕英雄」丘吉爾面臨德軍的強力擠壓，盪氣迴腸的演講激發了英國人民的豪情鬥志，彷彿倫敦整個上空迴盪著「永不放棄，永不放棄，永不放棄……」的戰鬥鼓聲。

試想一下，如果欠缺絕妙的說話藝術，他們豈能成就大事？

本書的特點是：

• 把自己變成一個善於說話的聰明人，用最巧妙的語言，把話說到對方的心裡，為自己順利鑿開一條成功通道。
• 學會臨機應變，把不好說出口的話，透過迂迴戰術，滲透對方的心裡。
• 學會讚美和傾聽，滿足對方的說話慾望，然後再抓住時機，設計地佈置出幾

條可行的套路。

總之，會說話辦事的人知道什麼時候該說什麼，不該說什麼，知道在什麼時候該做什麼，不該做什麼。這些看似尋常，實則蘊含著大智慧、大學問。想要在現實社會中成功，不能光靠埋頭苦幹，還要靠說話的技巧、辦事的能力。

爲什麼對很多人來說，說話和辦事成爲頭等的難題，一張口就會不知所云，一動手就會亂陣腳，導致人際關係不佳？

關鍵就在於，他們沒有把說話與辦事當成一門學問認眞對待，不多加學習，自然難以心想事成。

懂得如何說話辦事是絕大多數成功人士的兩大資本，也是他們成功的跳板。想打開人生的僵局，想開創前程遠景，你就必須成爲一名說話的高手，辦事的專家，讓自己成爲受人歡迎的人！

PART 1 學會做事之前，先學會說話

人們之所以會造成一些不和，大多與出言不遜有關。要學會說話，首先應在言辭上注意尊重對方的人格。

PART 2

請將，不如聰明激將

被激的一方，必須是那種能激起來的人物。另外，激將法是在雙方較為熟悉的情況下進行的，不宜對陌生人採用。

PART 3 先讚美，然後再責備

先表示讚揚，用讚美的話語當中和劑，令對方反駁不是，發怒也不是，再有理有據地批評，更能令人心悅誠服地接受。

PART 4 說話繞個彎，更討人喜歡

話中有話，是高明的待人處世方式之一，學會將說出的話繞個彎，才不至於衝撞別人，更能討得他人的喜歡。

PART 5

先敞開心扉，才能進入別人的世界

風趣幽默又不失莊重，是一個高明的說話大師必須注意的態度，道貌岸然的談話模樣會惹人厭煩，而過於輕浮的談話態度同樣會讓人反感。

PART 6

把你的心意傳到對方的心坎裡

只要方法得當，「謝謝」必定能夠將你的心意傳進對方的心坎裡，給予莫大的心理滿足，進而轉化為對你的親近感和善意。

PART 7

說服，從拉近心理距離開始

口口聲聲都是「我們」，不僅表示排除了自我，且能觸發聽眾對集體的歸屬意識，即使厭惡被迫接受，也會不知不覺地軟化。

PART 8

恰如其分地讚美別人

要恰到好處地讚美別人不是一件容易的事，但如果稱讚得體，就能博取對方歡心，快速拉近彼此之間的距離。

PART 9

克服緊張情緒，行事才能順利

告訴自己：「我緊張、不安，對方也會與我產生同樣感覺。」這樣，你的心理會坦然些，也會增加勇氣。

PART 10

小小問候也有大效用

「問候」雖然只是個小細節，但卻扮演著很重要的角色，因為它是拓展人際關係的第一步，能加強彼此間的情誼，讓對方留下好印象。

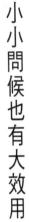

P A R T I

學會做事之前，先學會說話

人們之所以會造成一些不和，大多與出言不遜有關。要學會說話，首先應在言辭上注意尊重對方的人格。

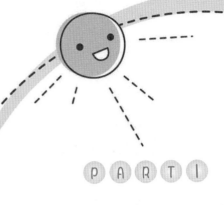

自我解嘲，把話說得更巧

主動用幽默的自嘲把可能被人嘲笑的地方點出來，既解除了自己的心理壓力，又讓對方感覺到你的坦誠與可愛。

自嘲，是透過自我嘲弄的形式，自貶自抑，堵住別人的嘴巴，以求擺脫窘境，進而爭取主動的一種說話謀略。

但是，這種策略的施行，有一定的難度。

當自己有被人嘲笑的缺點，或者處於可能感到尷尬的場面時，內心總難免緊張。自嘲的效果，正在於既擺脫了別人的嘲笑，又不至於讓人過分看輕，覺得連你都把自己貶得一無是處。

如何說話，才能把握好這個度呢？

首先注意，自嘲得講究場合的選擇，在不適宜自嘲的地方自嘲，可能適得其反。聰明區分各種場合，就顯得十分重要。

歸納起來，自嘲大致有以下幾大作用：

•先發制人

一八六二年的一天，美國著名的黑人律師約翰．馬克即將上台演講。會前他被告知，聽眾絕大多數都是白人，而且不少人對黑人懷有成見，於是他臨時決定放棄原來的開場白，一上台就從爭取聽眾的心入手。

他這樣開始了演講：「女士們，先生們，我到這裡來，與其說是發表演講，倒不如說是給這一場合增添『色彩』。」

聽眾大笑，氣氛活躍起來，對立的情緒無形中被笑聲驅散。儘管他後面的演說言辭激烈，但會場秩序始終很好。

在生活和工作中，任何人都不可能被別人完全了解，對某類問題甚至某類人懷有或多或少的非善意偏見，難以避免。

偏見像堵牆，能隔離友好和理解，帶來誤會和矛盾。此時，妙用自嘲法，消除

對方的偏見，能爲雙方的正常交流打開通道。

在別人進行攻擊之前，若能先發制人，自揭傷疤，主動用幽默的自嘲把可能被人嘲笑的地方說出來，既解除了心理壓力，又讓對方感覺到你的坦誠與可愛，縮小了雙方的交際距離。

將這招用在與對方初次打交道時，往往能收到奇效。

●解除尷尬

二十世紀五〇年代初，一次，美國總統杜魯門會見麥克阿瑟。

談話中，麥克阿瑟拿出他的煙斗，裝上煙絲，把煙斗叼在嘴裡，取出火柴。直到準備畫燃火柴時，他才停下來，轉過頭看看杜魯門總統，問道：「我抽煙，您不會介意吧？」

顯然，這並不是真心徵求意見，在他已經做好準備的清況下，對方說介意，只會顯得粗魯霸道。

杜魯門有些難堪，但只盯了麥克阿瑟一眼，隨即便自我嘲諷道：「抽吧！將軍。噴在我臉上的煙霧，比噴在任何一個美國人臉上的都多。」

生活中，我們會碰到許多人的觸犯，其中不乏惡意挑釁，目的就是讓你難堪，沒有台階下。

面對這種情況下，很多人都束手無策。有的人會說一些有損自己尊嚴的話，以求走出困境，有的人則直接反擊，但這些只會招來外人的嘲笑。其實，恰當地應用「自嘲」，完全可以使自己處於比較有利的位置。

當言談陷入窘境時，逃避嘲笑並非良方，怒不可遏地反唇相譏，更可能遭到更多嘲諷，與其如此，倒不如自嘲自諷，反而顯得豁達和自信。這種超脫既讓自己擺脫自尊心的束縛，又堵住了別人的嘴巴。

自嘲自諷、自暴其醜，顯示了一個人的責任心和坦誠。勇於暴露自己的問題，揭露自己的缺點，更會被人視爲可靠。

• 增添情趣

在一些交際場合，運用自嘲可以增添談話樂趣，融洽現場氣氛，增進彼此的了解和友誼。

胡適在某大學講課時，引用了不少孔子、孟子的話，於是便在黑板上寫上「孔說」、「孟說」。等到發表自己的意見時，便聽他說道：「因為我姓胡，就為胡說。」並在黑板上寫下「胡說」兩個大字。

學生們一看，大笑不已，課堂氣氛一下子活絡起來。

對於社會上的邪風惡俗，運用自嘲嬉笑怒罵，寓莊於諧，也是一種抨擊世俗的有效方法。

自嘲自諷術的巧用，可以使言談增添風采，在幽默、風趣、令人愉悅的情況下，取得令人滿意的結果。當然，自嘲自諷，總要注意場合，審時度勢，相機而行，如此才能充分發揮獨特的效果。

幽默是最好的潤滑劑

幽默不是尖刻的諷刺，又有別於惡意的嘲笑或憤怒的譴責。它是對不良現象的善意批評，透過「笑」果給人另一番不同啟示。

「幽默」來自拉丁語，原意爲「潮濕」，又有人引申爲「潤滑劑」。由於極難釋義，後人的理解便見仁見智，各有說法。

整體而言，幽默是一種聰明人才能駕馭的語言藝術，是思想、才學和靈感的結晶，能使言語閃耀出絢麗的光芒。

日常生活中，人們都喜歡接近比較開朗、機智、風趣的人。善用幽默，可以減少交往中發生的摩擦。

幽默的幫助，主要表現在以下幾方面：

• 語言的潤滑劑

使用風趣幽默的語言，可以拉近朋友間的距離，促使雙方很快地熟悉。

• 緩和矛盾，避免尷尬

一句幽默的話，可以化解空氣中的火藥味，或者給人一個下台階。

• 開展批評的手段

使用幽默語言，比較不會產生牴觸情緒，批評的目的能更有效地達成。

• 自嘲作用

在公共場所，有時候不可避免地會碰到尷尬處境。這時候，聰明地用幾句幽默的話語自嘲，有助於自己更快走出困境。

當然，使用幽默的語言，不僅需要才思敏捷、能言善辯，對生活具有深刻的體驗和對事物有較強的觀察力，還要求具有一定程度的文化素質和語言表達能力，反應迅速，能夠隨機應變。

使用幽默的語言，要注意以下三點：

1. 格調高雅，忌粗俗

幽默的語言能夠使人發笑，從而在笑聲中消除緊張、難堪，愉悅彼此的情懷。粗俗的笑語，只會給人油嘴滑舌、插科打諢的感覺，是低層次的東西，無法產生愉悅性情、淨化心靈的作用。

2. 注意對象和時機

幽默語言固然能發揮積極的作用，但若不看對象與時機，則可能引起對方的不滿和憤怒。在長輩和師長面前，或在對方傷感的時候，最好不要刻意賣弄。

3. 明確動機

幽默講求含蓄。它不是尖刻的諷刺，又有別於惡意的嘲笑，也不是指著禿驢罵和尚的譴責。實際上，幽默是對一些不良現象的善意批評，力圖透過「笑」果給人另一番不同啓示。

用幽默製造「笑」果

無論對於他人的讚揚與批評，或是對自己的自嘲與揶揄，甚至是對於敵人有力且辛辣的反擊，巧用幽默，都可以產生意想不到的效果。

清代才子紀曉嵐有許多幽默的言談流傳，至今仍為人津津樂道。

一日，他應邀參加一場貴婦人的壽宴，主人久聞他才華橫溢，便主動邀請賦詩祝壽。紀曉嵐也不客氣，隨口吟道：「這個婆娘不是人。」

語畢，滿座皆驚，主人露出不悅之色。

紀曉嵐並未理會，隨後念出第二句：「九天仙女下凡塵。」

這時候，大家才擊掌稱妙。

想不到掌聲一落，紀曉嵐接著又說：「子孫個個都是賊。」

在座眾人又面面相覷，不明白這是怎麼一回事。

紀曉嵐不理不睬，繼續吟出末句：「偷得蟠桃獻慈親。」

言畢，全場恍然大悟，齊聲叫好。

故事中，紀曉嵐採用的是倒置法，即在特定情況下，倒置事物的正常關係，產生使人驚異而後發笑的效果。

美國一位心理學家說過：「幽默是一種最有趣、最有感染力、最具有普遍意義的傳遞藝術。」此言甚是。只要多注意觀察、善於總結，不斷提高自己，一定能成爲一個富幽默感的人，贏得更多友誼。

幽默是一種溫和、含蓄又機智對待生活的態度，是「天眞」與「理性」的巧妙結合，展現出的，是說話者的知識、修養，以及高雅的風度。

知名的英國首相邱吉爾，是一位能言善辯、風趣幽默的政治家。

有一次，一位女議員怒氣沖沖對他說：「如果我是你妻子，我一定會在你的咖啡裡放毒藥。」

邱吉爾立刻答道：「如果妳是我的妻子，我會喝掉它。」

另有一次，在邱吉爾脫離保守黨，加入自由黨時，一位媚態十足的年輕婦人對他說：「邱吉爾先生，你有兩點我不喜歡。」

「哪兩點？」

「你執行的新政策，還有你嘴上的鬍鬚。」

「您說的有理！不過，夫人……」邱吉爾彬彬有禮地回答道，「請不要在意，因為您沒有機會接觸到其中任何一點。」

在這裡，邱吉爾正是巧妙地運用了幽默的語言藝術，協助自己擺脫尷尬。儘管外在形式溫和，但又隱約蘊含著批判，使用了「棉裡藏針」的技巧，讓對方雖惱怒，卻又不便發作。

幽默語言的魅力，正如特魯·赫伯所言：「這是一種最有感染力，最具有普遍意義的傳遞藝術。」

無論對於他人的讚揚與批評，或是對自己的自嘲與揶揄，甚至是對於敵人有力且辛辣的反擊，巧用幽默，都可以產生意想不到的效果。

用幽默化解尷尬

當你因為某種原因碰上尷尬場面，最好的選擇是隨機應變，聯繫當時所處的具體場景，借題發揮，用自嘲的方式來化解。

化解尷尬的最好辦法，無疑是幽默。

「幽默大師」林語堂有一次乘船旅行，在船上見到一個外國人，正閱讀著他所寫的英文版《生活的藝術》。

想不到那老外見林語堂身著大褂，以為是個鄉巴佬，竟鄙視地對他說：「老兄，你看得懂嗎？」

林語堂不慍不惱地用英語對他說：「看不懂，不過這本書是我寫的。」

說罷，他微笑著掉頭離開，留下那一臉愕然的老外。

看完這故事，會心一笑之餘，你是否也得到一些啟發？

還有另一個有趣的小故事，也與幽默和尷尬有關，是這樣說的：

世界著名的大文學家歌德，有一天到公園散步，迎面走來一位曾經對他的作品提出過尖銳批評的批評家。這位批評家站在歌德面前，高聲喊道：「我從來不讓路給傻子！」

歌德卻答道：「而我正好相反。」一邊說，一邊滿面笑容地讓到一邊。

不論是林語堂也好，歌德也罷，他們的幽默，無疑都避免了一場無謂的爭吵，同時也消除了自身的惱怒，並充分顯示心胸和氣量。其實，每個人都可以變得幽默，它不是天才、高智商、喜劇演員的專利品。只要學習讓嘴角向上翹，換個角度欣賞事物，誰都能擁抱幽默。

使人歡笑，使人快樂，做愉快的事、說愉快的話，就能把歡樂散佈到四周，把話說到別人的心坎裡。不過，有一點必須注意：幽默並不是隨時隨地都可以運用的，應在某些特定的場合和條件下發揮。若在正式的會議上，別人發言時，突然冒出一兩句逗人的話，無論有多麼好笑，都不合適。

不少人開玩笑時把握不住分寸，結果弄得大家不歡而散，影響了彼此的感情。由此可見，幽默雖好，卻不能亂用。如果當時的條件並不合宜，卻偏要刻意表現幽默，結果必定適得其反。

真正的幽默，就像是言語的魔術，引來會心的一笑。最後，讓我們再來看看幾個成功的小例子：

・故事一

一個從俄亥俄州來的人，前往拜訪林肯總統。與此同時，正有一隊士兵在門外等候接受訓話。林肯請這位朋友隨他外出，並繼續密談。不料，當他們行至迴廊時，軍隊齊聲歡呼起來。

那位朋友這時應該識趣地退開，但他並沒有這樣做。於是一位副官主動走到那

人面前，囑咐他退後幾步。

此人這時才發現自己失態，窘得滿臉通紅。一旁的林肯見狀，立即微笑著說：「白蘭德先生，你得知道，他們也許分辨不出誰是總統呢！」

在最難堪的一瞬間，林肯用幽默化解了窘迫。

• 故事二

一位官員應邀參加一個美展，站在一幅僅以幾片樹葉遮蓋的女性裸體畫前，半天沒有離開。女導覽員走過去，笑容滿面地說：「先生，秋天還很遠，樹葉落下的日子還早著呢！」

一句善意而幽默的提醒，化解了當時的尷尬。

• 故事三

有一次，美國總統雷根在白宮的一場鋼琴演奏會上講話。他的夫人南茜卻忽然一個不小心，連人帶椅跌倒在了台下的地毯上。正在講話的雷根見夫人並未受傷，於是插入一句俏皮話：「親愛的，我告訴過妳，只有在我沒有獲得掌聲的時候，妳才需要這樣表演。」

台下立刻響起一陣熱烈的掌聲。

•故事四

有一位默默奮鬥多年的女演員，終於在影展上獲獎。

因為太過激動，走上領獎台的途中，她腳下一歪，跌倒在地上。但這女演員並不慌張失措，馬上站起來，對著全場笑說：「成功的道路就是這麼走出來的，不斷跌倒，再不斷爬起來！」

當你因爲某種原因碰上尷尬場面，最不好的選擇是滿臉通紅或者竭力迴避，最好的選擇是隨機應變，結合當時所處的具體場景，借題發揮，用自嘲的方式來化解。林肯、雷根和那位女演員便是如此，運用幽默化險爲夷，出奇制勝，不僅獲得意想不到的效果，表現出他們的機智、豁達，更拉近了自己和他人的距離，詮釋了利用幽默溝通的經典範例。

格調高雅的幽默，能消除溝通中的僵局，恰到好處的幽默，更是智慧的展現。一旦掌握這門社交藝術，你會發現，與人溝通是一件再快樂不過的事。

開玩笑，要開得剛剛好

開玩笑不能過分，尤其要分清場合和對象。這就如同發揮幽默也得把守一定的限度，既要適時，又要適當。

在人際交往中，開個得體的玩笑，可以鬆弛神經，活躍氣氛，創造出適於交際的輕鬆愉快氛圍。正因如此，言語詼諧的人常常受到歡迎與喜愛。

但是，開玩笑並非萬靈丹，若是開得不好，反而會導致反效果，傷害彼此的感情。開玩笑之前，切記將分寸掌握好。

• 內容要高雅

笑料的內容，取決於開玩笑者的思想、情趣與文化修養。內容健康、格調高雅的笑料，能給對方啓迪和精神的享受，也是對自己美好形象的有力塑造。

鋼琴家波奇在一次演奏會上，發現賣座不佳，全場有一半座位都空著，於是對聽眾說：「朋友們，我發現這個城市的人們都很有錢，因為你們每個人都買了兩三個座位的票！」

半屋子的聽眾都放聲大笑，波奇無傷大雅的玩笑話不但化解了賣座不佳的尷尬，更提升了他的形象。

●態度要友善

與人爲善，是開玩笑的一個原則。

開玩笑，本身求的還是感情上的互相交流傳遞。若假借開玩笑對別人冷嘲熱諷，發洩內心的厭惡、不滿，只會招致反感。即便表面一時占了上風，長遠來看，也毫無好處

●對象要分清

同樣一個玩笑，能對甲開，不一定也能對乙開。人的身份、性格、價值觀不同，對玩笑的承受能力也不同。

若對方性格外向，能寬容忍耐，玩笑稍微過頭也能得到諒解；若對方性格內向，喜歡琢磨言外之意，開玩笑就應慎重了。

開玩笑時，還要注意臨場狀況：儘管對方生性開朗，可今天恰好碰上不愉快或傷心的事，這時就不能隨便開玩笑。相反的，對方性格內向，但此時正好喜事臨門，與他開個玩笑，效果會出乎意料地好。

此外，還要注意以下幾點：

1.和長輩、晚輩開玩笑，忌輕佻放肆，特別忌談男女情事。

2.和不熟悉的異性單獨相處時，忌開玩笑。哪怕僅僅是一般的小玩笑，也可能引起對方的反感，或者導致旁人的猜測非議。

3.和身有殘疾者開玩笑，要注意避諱，並且將心比心。人人都怕別人拿自己的短處開玩笑，殘障人士尤其如此。

4.朋友正在陪同客人時，忌開玩笑。人家已有共同的話題，已經形成和諧融洽的氛圍，突然介入，意圖他們轉移注意力，打斷原本的話題，破壞談話的雅興，會給人不好的印象。

•場合要適宜

美國總統雷根曾在一次會議前，爲了試試麥克風是否可用，張口便說：「先生們，請注意，五分鐘之後，我將對蘇聯進行轟炸。」

這話一出，衆皆譁然。

雷根在錯誤的場合、時間，開了一個極爲荒唐的玩笑。事後，蘇聯政府對此提出最強烈的抗議。

總的來說，在莊重嚴肅的場合，不宜開玩笑。

開玩笑不能過分，尤其要分清場合和對象。這就如同發揮幽默也得把守一定的限度，既要適時，又要適當。

不看時機，小心傷人傷己

為幽默而幽默，只會顯得不倫不類，不但不能成為溝通中的「潤滑劑」，反而還可能增加人際之間溝通的「摩擦係數」。

有一些人能把幽默的力量運用得自如、眞實、自然，不聳人聽聞，也不譁衆取寵，更不是做戲。這是因爲他們知道，太精於說妙語和笑話，對個人形象並無眞正幫助。

笑別人之前，先笑自己的觀念、遭遇、缺點乃至失誤吧！有時候，甚至還可以笑一笑自己的狼狽處境。

如果你連自己都不敢嘲笑，那就沒有權利和別人開玩笑。

玩笑、幽默都是人際交往的潤滑劑，有了它們，我們的溝通活動會更加順利，

人際關係也會更加和諧。經常有人說，幽默是生活的調味料，能使我們的生活更加有滋味，道理便在此。

但是，我們必須知道，任何調味料都不可濫用，就好比鹽，用一點可以使菜味鮮美，但用得太多，便讓人難以下嚥。玩笑、幽默技巧也切忌濫用，否則免不了傷害別人，也傷害自己。

據說蕭伯納少年時很聰明，卻總是出語尖酸，人們只要和他談過一次話，便有被傷得「體無完膚」的感覺。

一次，他的一位朋友在散步時對他說：「你現在常常出語幽默，不錯，非常風趣。但是你知道嗎？大家都覺得，你若不在場，氣氛才會更好，因為所有人都比不上你，有你在，大家都不敢開口了。你的才華確實比人略勝一籌，但再這麼下去，所有朋友將逐漸遠離，這又有什麼益處呢？」

這番話猶如醍醐灌頂，蕭伯納登時如夢初醒，從此下定決心，改掉濫用幽默的習慣，把天份全部發揮在文學上，由此建立文壇大師地位。

發揮幽默，一方面要看清對象，另一方面還要抓住時機。發揮幽默也需要「素材」，比如場合、情境等，這些就像我們所說的「機遇」，可遇而不可求，關鍵在於能否體察現況，隨機應變。

爲幽默而幽默，只會顯得生硬、不合時宜、不倫不類，不但不能成爲溝通中的「潤滑劑」，反而還可能增加人際之間溝通的「摩擦係數」。

玩笑、幽默，切記濫用，適度就好。

妥善運用批評的藝術

不要亂批評別人，這是立身處世的信條，不過，絕對不批評別人是不可能的，真正應該花心思研究的，是如何正確地批評別人。

說話是最容易的事，也是最難的事。

同樣的一句話，有人說出口來如鈴聲般悅耳，讓人容易接受；有人說出口來，則如蛙聲般噪耳，讓人難以接受。在在說明了，說話應該講究技巧和藝術。

有一個愛好攝影的人，拿了一疊自己的攝影作品去拜訪一位攝影家，請他指教。攝影家把所有作品看了一遍，熱心地告訴他哪一張曝光時間過久，哪一張光圈小了一些，哪一張取景需要變換角度……

想不到在這位攝影家進行「指正」時，來請教的人總是找一番理由為自己辯護，不是說當時天氣不佳，就是說取景時找不到合適的立足地等等，如此囉嗦了半天，就是不肯承認自己的技術還不夠好。

攝影家覺得又好氣又好笑，直說：「我真傻，何必說那麼多話呢？」

人們做錯了事，或做了件吃虧的事，除非他自己主動提出來，否則多半不會坦白地承認錯誤。

若是不相信，不妨在周圍的朋友或家人中做個實驗試試看，你會發現，無論是小疏忽或大錯誤，都沒有幾個人能在別人指出後立即坦率地、不爲自己做任何辯解地承認。

不要亂批評別人，這是立身處世的信條，不過，事情有時並不那麼簡單，有些情況我們卻不能不說。譬如父親批評兒子，主管批評下屬，即使相當知己的朋友，有時候也免不了要批評幾句。

絕對不批評別人是不可能的，我們眞正應該花心思研究的，是如何正確地批評別人。

第一，表現出同情心，這樣不僅不會犯吹毛求疵的毛病，而且對別人犯錯誤的原因也會加以分析，給予諒解。應時時想著自己和對方站在一起，而不是和他對立。

第二，說話要委婉和藹，不要用過分刺激或讓人聽了不舒服的字眼。「你眞蠢，這件事完全搞錯了！」這樣說話，相信沒有人可以忍受，無論是父親對兒子，或是主管對下屬。

第三，首先對他人所犯的錯誤表示理解和同情，減少被指責者的不安，然後再用溫和的態度指出錯誤所在。

第四，指正的話越少越好，用一兩句使對方明白就夠了，然後就可以把話題轉到其他地方，切忌嘮叨不休。

第五，對方做了一件事情，其中錯誤的地方固然應該指出，但做得正確的地方也要加以讚揚，這才能眞正令人心悅誠服。

第六，改變對方的觀點時，最好設法將自己的觀點暗中移植過去，使他覺得是他自己做了改變，而不是因爲你的指正。

第七，對於那些無可挽回的錯誤，應當站在他的立場上，給予懇切的指正，避免過分嚴厲的責問。

第八，糾正對方的做法時，最好用疑問式的口吻，而不要用命令語氣。「你不應該用紅筆寫！」與其這樣說，倒不如換個方式：「你是否覺得，不用紅筆會更好一些？」

第九，採用聲東擊西的方法，這裡可以舉一個例子說明。

有一個小學生，數學成績很差。一次考試結束後，父母親打開成績單一看，數學竟然只有三十七分。

父親卻若無其事地說：「分數怎麼會那麼低呢？大概是學校不小心填錯了吧！不過我想，下次應該就正常了，學校不會錯兩次的。」

從此以後，這個小學生的數學有了顯著的進步，每次考試都能得到高分。原因很簡單，關鍵就在於父親對他說的那句話。簡簡單單的一句話，不但保住了這個學生的自尊心，同時也對他提出下不爲例的警告，促使奮發學習。

會做事之前，先學會說話

許多人之所以辦事失敗，導因於交際過程中，交流語言不得體，使本來應該可以順利解決的問題，被不得當、不中聽的話語給搞砸。

任何人都希望得到別人的尊重，無論是誰，遭到他人的言語汙蔑和攻擊後，都會不同程度地運用語言來還擊和自衛。

日常生活中，人們之所以會產生不和，大多也與出言不遜有關。因此，要學會說話，首先應在言辭上注意尊重對方的人格，以禮待人。

語言上的以禮待人，主要展現在以下幾個方面：

- **講究「衛生」，不說髒話**

髒話最容易把人激怒，人只要一發怒，談話就難以繼續進行。

所以，與他人談話時，一定要在嘴巴旁多設幾個「哨兵」，千萬別讓有損對方人格的髒話出口。

• 控制情緒，不說氣話

無論是對熟人還是陌生人，無論對老還是少，說出帶有嚴重情緒的話，尤其是氣話，無疑會讓對方難以接受，不是立刻與你爭吵，就是轉身就走。

所以，與人交談時，千萬不要顯著地表露出自己的不滿，更不能隨意地說氣話。倘若對方生氣了，不妨在語言上勸慰和忍讓。

• 主動檢討，不說空話

主動地、實事求是地檢討自己的過錯，求得諒解，這是尊重對方人格的一種最實際表現，同時也能喚起對方的同情之心，做出友好的表示。

• 平等相待，不說「官」話

不要以爲自己的職位比對方高，年資比對方長，或者認爲「眞理」在自己這一方，就在與對方交往時打官腔，甚至頤指氣使，藉勢壓人。

應把自己擺在與對方平等的位置上，以商討的語氣、溫和的語調、容易被接受

的言辭，進行交談。

- 友好熱情，不揭隱私

隱私，是指人們不願告訴別人或不願公開的事，人皆有之。不願告人的事，卻被公諸天下，這是對對方人格的不尊重，最容易傷人的心。把別人的隱私當作威脅的做法，更是不可取。

成功學研究顯示，許多人之所以辦事失敗，導因於交際過程中，交流語言不得體，缺乏藝術性，使本來應該可以順利解決的問題，被不得當、不中聽的話語給搞砸。

許多案例都充分顯示了語言技巧在爲人處事中舉足輕重的作用，學會辦事的首要前提，就是學會說話。

親切，是建立關係的要訣

恰當地使用禮貌用語，表示心中的感激或歉意，有助於暢通人與人之間的溝通，是建立融洽的人際關係的第一秘訣。

無論是誰，都希望得到他人的尊敬。要想滿足人們的這種心理要求，與人交往就要多使敬語。

使用正確的敬語，才能向對方傳達尊敬的心情。否則，無論你心中多麼尊敬對方，這份心意都無法傳遞出去。

接待顧客時，使用正確的敬語，一般人都能夠做到，但與上司、長輩、同事交往，就難免出現有失禮節的話。

人們不習慣與比較熟悉的人使用敬語，但要想和上司、前輩、同事建立良好的

人際關係，仍需要充分認識使用敬語的重要。

人際交往中常用的敬詞有很多，如稱呼時用「您」、「先生」、「夫人」、「小姐」……等，與別人聯繫時用，「請問」、「勞駕」、「敬請光臨」、「請大力協助」、「請多關照」……等。

想要把話說進對方的心坎裡，應從底下幾個大方面著手，在日常生活中，儘量地使用禮貌用語：

• 使用見面語、感情語、致歉語、告別語、招呼語

早晨見面互問「早安」，平時見面互問「您好」；初次見面認識，主方可用「您好」、「很高興認識你」，被介紹的一方可用「請多幫助」、「請多指教」。分別時說「再見」、「請再來」、「歡迎您下次再來」；特定情況的告別，可用「晚安」、「祝您健康」、「祝您一路順風」；得到別人幫助後說聲「謝謝」、「費心了」、「多虧您的幫助」、「實在過意不去」；有求於人時說聲「請」、「麻煩您」、「勞駕」、「請問」；打擾別人或有愧於人時說聲「對不起」、「請原諒」、「很抱歉」；回應對方道謝或道歉之時則說「別客氣」、「不用謝」、

「沒什麼」、「請不要放在心上」。

• 養成對人用敬語、對己用謙語的習慣

一般稱呼對方用「您」，對長者用「先生」，千萬不要用「喂」、「老傢伙」、「老太婆」、「老頭」等。對少年或兒童，用「小朋友」、「同學」，避免用「小子」、「小東西」等。

稱呼別人的量詞用「位」，如各位、諸位，對自己或己方則用「個」。

• 多用商量和祈求，少用命令語氣的語句或無人稱句

如「您請坐」、「希望您一定來」、「請打開窗戶好嗎」、「請某某同學回答」、「請讓開一些」。

這樣的話語氣文雅、謙遜，而且目標明確，讓人樂於接受。

• 說話要考慮語言環境

面對不同場合、不同情況、不同的談話對象，需要用不同的詞語、語調和語氣。同一個詞語，用不同的語調和語氣說出，在不同的場合、情況下，會產生不同的效果。例如「對不起」這個詞語，因說話人的語調、語氣差異，可以是威脅、諷

刺，也可以表示歉意。

其次，要考慮不同的環境和對象。例如在台灣，有些人見面時，非常習慣用「吃飽了嗎」當作招呼，但在其他國家就未必合適。

• 注意說話的空間和時間

談話人具備的不同身份，也決定了態度的差異。面對長者、上級、師輩，談話的距離太近或太遠都顯得失禮。平輩之間的顧慮比較少，但異性之間談話，距離仍不宜太近。

說話的時間過長，容易使人疲倦厭煩，若是過短，則對方可能不理解意思，中途停頓，只說一半就不說了，更是不妥。

總之，要根據時間、地點、對方的年齡、性別、職業，以及和自己的關係，恰當地選擇禮貌用語。

• 態度要誠懇，語言要親切

話語本身的用途，在於傳遞思想並表達感情，因此，說話時的神態、表情、語言，至關重要。

舉一個例子，當自己有求於人時，必須誠懇有禮貌地陳述請求。即使對方無法幫助，也不能表露出不愉快，並且不忘表示感謝。

請求別人時，嘴上說得十分動聽，一旦得不到允諾，臉上立刻冷若冰霜，對方一定會把你當作一個現實勢利的人。

得到別人的幫助，應眞誠地說一聲「謝謝」。如果你不說出口，只把感激之情埋在心底，對方會有不快的感覺，因爲他的付出沒有得到肯定，必定會認爲你不懂禮貌，今後不會再幫助你。

同理，打攪別人、給人添麻煩時，也要能眞誠地說一聲「對不起」。

恰當地使用禮貌用語，表示心中的感激或歉意，有助於暢通人與人之間的溝通，是建立融洽的人際關係的第一秘訣。

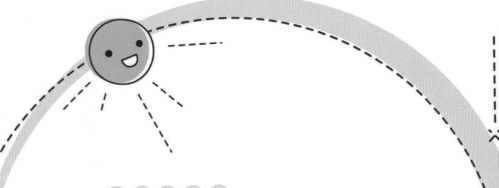

PART 2

請將，不如聰明激將

被激的一方，必須是那種能激起來的人物。另外，激將法是在雙方較為熟悉的情況下進行的，不宜對陌生人採用。

以熱忱為引信，激發別人的熱情

若不是帶著堅信的心情述說，就激不起別人的熱情和動力，那麼一來，場面和氣氛也就毫無生氣。

無論是做事情還是做人，都要充滿熱忱，並且適當地表現。

成功的演說家往往思維靈活，善於託物寓意，常常由人們意想不到的角度切入話題，使得聽眾在會心悟解後，從心底升騰起喜悅，造成和諧的、充滿意趣的熱烈氛圍，效果也就不言而喻了。

愛默生說過：「無熱忱即無偉大。」這正是通往成功的指路航標。擁有熱忱的人，眼中會散發出光彩，聲音也會充滿熱情，聽眾必然自然而然地受到鼓動，進而接受意見。

一個人成功的因素很多，居於這些因素之首的，就是熱忱。有的人可能並不會用華麗的詞藻，但散發出來的熱忱，卻能從一開始就抓住聽衆，使他們從頭到尾一直全神貫注地聆聽。

當一個演講者敘述自己的親身見證，描述生命給他的深刻教導的時候，不管這經驗多麼瑣碎，或者多麼微不足道，總是能吸引人的注意力，並且更容易引起共鳴。演講時，描述曾經給你啓示的經驗，應佔去大半時間。這些經驗並不需要費多少腦力去苦苦尋找，因爲它們就存在於你的記憶表層，不時引導你的行爲。把這些事件具體又逼眞地重新勾畫，便可變成影響別人的基礎。

向別人發表你的觀點，以討論意見作爲開始並不聰明，應以不斷強調雙方同意的事情做爲開始。不斷強調你們都在爲相同的目標努力，唯一的差異，只在於方法，絕非目的。

在人類的歷史上，發生過許多重大事件，之所以能成功，都是由於人們的熱情推動。同樣的道理，要想讓演說成功，也必須有熱誠。亦即講話者能知道他所講的是什麼，並堅信這正是他的中心思想。

只有投入了真情，由依靠心靈傳遞思想的演說，才能打動並說服聽眾。

卡內基曾說：「若一位演講者帶著堅信的口氣，誠懇地敘說，那他不會失敗。不論所講的內容是政治、經濟政策，或是一個人的旅行感觸，只要確實覺得心裡有不能不告訴人的衝動，那麼，演說就會帶有強烈的感染力，足以打動人。用何種方式表達並不重要，重要的是要帶有情感。具有熱誠的演講者，影響力將是巨大的。他也許會在修辭上犯無數的錯誤，但這不會影響演說的成功，因為聽眾可以原諒——事實上，聽眾幾乎察覺不出他有錯誤。」

歷史可以見證，林肯演說時高尖的聲音極不悅耳，大演說家戴莫森講話口吃，胡克的聲音很小，但他們都有滿腔熱誠，能彌補這些不足。

若不是帶著堅信的心情述說，就激不起別人的熱情和動力，演說的場面必將毫無生氣。想避免這種失敗，就要把搜集的事實加以審慎思考，挖掘它們的重要性。打算說服別人之前，首先要堅信自己的論點。

有一天，一位陣亡兵士的遺孀——一位年邁的寡婦，蹣跚地走到尚未參選總統的林肯的律師事務所，泣訴某位政府行政官員，竟在她領取四百元撫恤金時，苛索了兩百元的手續費。

林肯聽罷勃然大怒，決定立刻對那位行政官員提起訴訟。

為了在法庭上勝利，做準備時，他特意讀了華盛頓的傳記和美國革命戰爭史，這大大激起了他的愛國情緒。

開庭的那天，他先追述著，當初是由於美國人民受到壓迫，從而激起愛國志士對民族的熱情，乃群起為自由而戰。接著，他描述了他們所經歷的艱難困苦，以及在嚴寒天氣下，走過冰天雪地的痛苦。

然後，他突然怒指那位行政官員，痛斥他居然敢剝削當年為國捐軀的兵士的遺孀半數撫恤金。

林肯目光怒視著那位被告，全身激動，幾乎想剝了那位行政官員的皮。在訴訟辯論即將結束時，他大聲疾呼：「時代向前邁進，一七七六年的英雄已經死去，他們被安頓在另一個世界。在座的證人、先生們，那位兵士已經長眠，現在，他那年老、衰危、又跛又盲、貧困無依的遺孀，卻來到你我的面前，請求為她求取公平，

請求同情的幫助與人道的保護。我們這些享受革命先烈掙下的自由的人，是否應該援助她呢？」

這一番話，不僅感動了在場的法官，更讓陪審人眼中都含了淚，他們一致認爲那位老婦人所應得的養老金，分文也不能少給。

亞力山大．伍科特曾說：「一個人說話時的真誠，會使他的聲音煥發出真實的光彩，那是虛偽的人假裝不了的。」

用發自內心的篤信的光輝，以肯定自己的意念，說服效果更好。

避免和別人發生爭論

成功大師卡內基認為：「十之八九，爭論的結果，會使雙方比以前更相信自己是絕對正確的。爭輸了，你當然就輸了，即便贏了，你其實還是輸了。」

面對反對者，羅斯福總統往往會和顏悅色地說：「親愛的朋友，你到這裡來和我爭執這個問題，真是一個妙人！但在這一點上，我們兩個的見解自然不同，倒不如先來談其他話題吧！」

無論成功者採用什麼方式駕馭別人，我們都可以注意到，他們的第一步是「避免爭論」，策略是以「迎合別人的意志」及「免除反對意見」來感動人。

碰到任何一種反對意見，你都應當先盤算著：「關於這一點，我能不能在無關大局的範圍中讓步呢？」

爲了使對方順從，你應當儘量表示一些「小的讓步」，有時，爲了避免過度爭論，甚至還可以將主見暫時收回。

如果碰到對於你的主要意見十分反對的人，最聰明的做法，還是把這個問題暫時延緩，不必立求解決，這麼做，一方面使對方得到重新考慮的機會，另一方面，也使你自己得以重新布策。

如果衝突無法避免，必須迎頭碰上，應設法讓反對者說出他要說的話。即使不贊成他們的意見，也要表示你能夠完全了解他們的態度。

以爭論獲得的勝利，不僅沒有具體益處，而且還將破壞雙方的情誼。爭論，不僅使個人的精神、時間、身體，都蒙受莫大的損失，最大的可怕影響，還是在人際關係上。

因爲爭辯而發生的不合作的現象，可謂屢見不鮮，不但使社會減少了合作的能力，就連許多國際間的糾紛，乃至戰爭的爆發，大多數也都是由瑣碎事情的爭論所造成。

班傑明·富蘭克林曾說：「老是爭辯、反駁，也許偶爾能獲勝，但那是空洞的

勝利，因為你永遠得不到對方的好感。」

你必須衡量一下：自己想要的，究竟是一種字面上的、表面上的勝利，還是別人真誠的好感？

美國威爾遜總統任內的財政部長威廉．麥肯鋒，將多年的政治生涯中獲得的經驗，歸結爲一句話：「光靠辯論，不可能使無知的人服氣。」

兩千年以前，耶穌便曾說過：「盡快同意反對你的人。」

將時間點更往前推，甚至在耶穌出生的兩千年前，埃及的阿克圖國王，便給了他兒子精明的忠告：「圓滑一些，它可使你予求予取。」

如要使人同意你，請先尊重別人的意見，千萬不要直接指出對方的錯誤。

成功大師戴爾．卡內基認爲：「十之八九，爭論的結果，會使雙方比以前更相信自己是絕對正確的。爭輸了，你當然就輸了，即便贏了，你其實還是輸了。」爲什麼？

你將對方的論點攻擊得千瘡百孔，證明他一無是處，那又怎麼樣？

你會爲此洋洋自得，但他呢？你傷了他的自尊，他會怨恨你的勝利，即使口服，心裡也不會服氣。

所以，永遠不要與人爭論。

歐哈瑞是紐約懷德汽車公司的明星推銷員。他是怎麼獲得成功的？讓我們來聽聽他的說法。

「以前，當我走進顧客的辦公室，聽見對方說：『什麼？懷德卡車？不好！你送我都不要，我要的是何賽的卡車。』一定會開始據理力爭，挑何賽卡車的毛病，然而很遺憾，往往我越批評別的車子不好，對方就越說它好。雖然我的專業知識，能將對手辯得無言以對，但我頂多只能滿懷勝利感走出去，車卻沒有推銷出去。」

「後來，我改變了做法，再聽到這類話時，改說：『何賽卡車的確不錯，買他們的絕對錯不了。他們不但產品品質優良，業務員素質也非常好。』這樣對方就無話可說了，他總不能在我同意他的看法後，還說一下午的『何賽的卡車最好』吧！於是接下來，我們不再談何賽，我開始介紹懷德的優點……」

明白了爭論的壞處，接著該學會的，是有效避免爭論。以下是可以採用的幾種好方法：

•先聽再說

讓你的反對者有說話的機會，先讓他們把話說完。過程中，儘量專心傾聽，不要抗拒、防護或爭辯。

•尋找同意的地方

聽完了反對者的話以後，首先去找你同意的地方，並且表示肯定。

•不要相信你的直覺

當有人提出不同意見的時候，你最自然的反應必定是反駁並自衛。此時應該要更慎重，保持心態的平靜，克制直覺反應。

•控制你的脾氣

根據一個人在什麼情況下發脾氣，以及發火的方式，足以測定這個人的度量和成就究竟有多大。

•認真並真誠考慮反對者的意見

你的反對者提出的意見可能是對的，這時候，同意考慮他們的意見顯然是比較明智的做法。

希望避免那些非原則性的爭論，就要記住這句話：「當兩個夥伴意見總是相同的時候，其中之一就不需要了」。

如果你沒有想到的地方，由別人提了出來，應該衷心表示感謝。別忘了，傾聽不同的意見，正是避免重大錯誤的最好機會。

當一個合格的傾聽者

注意傾聽可以給人留下誠實可靠的良好印象。認真傾聽，能減少語言中不成熟的評論，避免不必要誤解。

別把日常生活的溝通想得太嚴肅，很多時候，並不需要我們爲別人出主意或提供一些解決問題的辦法。說話者最迫切需要的，往往只是耐心的傾聽，並在傾聽過程中做出適當的回應，表示同情和理解。

傾聽，也是一種溝通的藝術。

傾聽，另外還是一門學問，我們不僅要傾聽別人的聲音，參考其他的建議，更要傾聽平時少爲人聽或不爲人聽的聲音，那裡面也許正藏有珍寶。

學會傾聽，發掘生活中的小秘密，是許多成功者的求勝秘訣。

一般人總是認爲，能言善道者才是善於交際的人，其實是錯誤的，或者說不夠完全的。眞正擅長交際者，必定也善於傾聽。

有的人口才好，鋒芒畢露，常有言過其實之嫌。話說多了，會被認爲誇誇其談、油嘴滑舌。而且，言多必有失，口若懸河還易導致禍從口出。靜心傾聽，正好能消除以上種種溝通弊端。

注意傾聽可以給人留下謙虛好學、專心穩重、誠實可靠的良好印象。認眞傾聽，能減少語言中不成熟的評論，避免人際交往中的不必要誤解。善於傾聽的人，常常會有意想不到的收穫，歷史上的成功者，大都是善於傾聽的人。

一位心理學家曾說：「以同情和理解的心情傾聽別人的談話，是維繫人際關係、保持友誼的最有效方法。」

由此可知，說是一門藝術，聽，更是藝術中的藝術。

更進一步看，「聆聽」的要旨，是對某人所說的話「表示有興趣」。眞正有效的聆聽，不僅僅是耳朵的簡單使用，更是和嘴巴、腦袋有效的配合。

有這樣一個人，被一家大公司聘用擔任銷售經理，但是他對公司的推銷品牌和推銷業務並不十分熟悉。當銷售人員到他那裡去彙報工作並徵求建議時，他根本無法提供任何答覆，因為一無所知。

然而，這個人卻是一個懂得傾聽的高手。每當手下的銷售人員問他的看法和建議之時，他都會回答：「你自己認為應該怎麼做呢？」

聽到這樣的問題，那些人自然會說出他們的想法和解決方案。他傾聽了對方的彙報後，便可以就自己關心的問題提出疑問或建議，與銷售人員進行交流。因此，從來沒有人質疑，他不是一個優秀的銷售經理。

想當一個合格的傾聽者，應當掌握的四大要點如下：

- **注意**

傾聽時，雙眼應注視說話者，將注意力集中在談話的內容上，給對方一個暢所欲言的空間，不搶話題，表現出認真、耐心、虛心的態度。

- **接受**

交談時，透過認同地微笑、肯定地點頭，或者手勢、體態等，做出積極的反應，表現出對談話內容的興趣與對說話方的尊重。

•引申

透過對某些談話內容的重複，或提出某些恰當的問題，表示對談話內容的理解，同時幫助對方完成敘述，使話題更進一步深入。

•欣賞

在傾聽時找出對方的優點，顯示出發自內心的讚嘆，給以總結性的高度評價。欣賞可使溝通變得輕鬆愉快，是良性溝通不可缺少的潤滑劑。

當我們遇到不如意的事情時，總想找個人一吐爲快，可想而知，別人當然也會和我們一樣。

在他人不如意時，我們的傾聽往往會起到意想不到的緩解其心理壓力的作用。若是碰上傷心的朋友找你傾訴，千萬不要拒絕，因爲現在他正需要你。

千萬別小看了傾聽，這不僅能幫助他人減輕心理壓力，更能提升你在人際交往中的魅力。

積極傾聽，適時給予回應

掌握積極的傾聽法，別人在想些什麼，便能摸得一清二楚，接下來再進行說服，自然能夠很容易地抓住要領，切中要害。

勸說別人的時，與其一味地滔滔不絕，倒不如認眞聆聽他人的心聲。這麼做，更容易得到對方的回應。

也許你因爲不耐煩別人的嘮叨，不願傾聽。但有經驗的說服者，無不十分樂意扮演好聽衆，有時，甚至連自己的事情都可以先放下不管，去聆聽別人的「牢騷」。這並不是白費力氣，很多人正是感受到了貼心的關懷，才願意在說服者的面前卸下防備，暢所欲言。

人們總希望自己不是可有可無的小配角，而是不可或缺的主角。一味地聆聽別

人說話，豈不是顯不出自己高人一等的能力？

這種想法其實是不正確的。想充分了解對方，進而對症下藥，達成一舉說服的目的，必須扭轉這種心態。換句話說，就是要設法誘使對方說話。

明白發話者的心態，讓說服的目標明朗化，將使你的說服力在無形之中跟著加強。認眞傾聽，對方就會對你產生信任和依賴感，直接的影響，當然就是增強你的說服成功率，並且得到更多具有價値的情報。

取得信任，顯然是成功說服的關鍵。先求取得信任，再設法切入說服的主要內容，這才是正確步驟。

每一個人都應該明白，「聽」是一門藝術，當中大有學問。尤其是在想要擁有一份好的人際關係、找到一份好工作時，它絕對是不可缺少的。

當然，並不是隨隨便便地「聽」，就能聽出個中精髓。在別人訴說之前，必須先對對方當下的心情和感情具備一定程度的了解，否則無法領悟到「聽」的眞諦。爲了達到「聽」的眞正目的，必須掌握正確的「聽」法，亦即站在理解說話者的心情與情緒的基礎上去聽，這才是「積極傾聽法」。

認眞地傾聽別人談話的同時，應當快速地在腦海中將對方所說的話進行過濾，就像放電影一樣放映一遍，即使發現其中有錯誤，也不要馬上指正，更不能打斷講話。此外，過程中，應盡可能自然地附和，即使想向對方提出要求，語氣也應該保持禮貌，比如「您能再說得具體些嗎」、「剛才的話有點深奧，能麻煩您再解釋一遍嗎」之類。

交流時，充分理解對方的心情與感覺是很重要的。因此，聽見與情緒有關的喜、怒、哀、樂話語時，最好能適時回應、附和，如「眞是太令人高興了」、「眞値得同情」、「眞讓人生氣」等等，讓人覺得你能感同身受。

聽聞有關價值觀與性格的話題時，也應及時地做出反應。因爲這些話間接反映了對方的生存原則及行爲模式，對於達成說服目的非常重要。

掌握積極的傾聽法，就可以輕鬆地去「聽」他人訴說了。透過這種方法，別人在想些什麼，便能摸得一清二楚，接下來再進行說服，自然能夠很容易地抓住要領，一舉切中要害。

請將，不如聰明激將

被激的一方，必須是那種能激起來的人物。另外，激將法是在雙方較為熟悉的情況下進行的，不宜對陌生人採用。

培養並掌握「說話」這門藝術，必須從很多方面一起著手。除了得具備前述的積極傾聽技巧，也要懂得適時運用激將法。

一般人雖然都對激將法這個詞不陌生，卻未必懂得它指的究竟是什麼，多半只有模糊或者片面的認知而已。

激將法，簡單地說，就是根據心理特點，使對方在某種情緒衝動和鼓動之下，做出某種毅然的舉措，而這種舉措是對自己有益的，能達成某種目的。

三國時，諸葛亮為了抗曹，來到江東。

他知道孫權是個不甘居人之下的人，於是在見面時，首先大談曹軍兵多勢大，說：「曹軍騎兵、步兵、水兵加在一起，有一百多萬！」

孫權大吃一驚，追問：「這數子有假吧？」

諸葛亮一筆一筆地算，最後算出曹軍的確有兵將一百五十多萬。他接著又說：「我只講一百萬，是怕嚇倒了江東的人呀！」

這句話的刺激性不小，孫權急忙問計：「那我是戰，還是不戰？」

諸葛亮見火候已到，說：「如果東吳人力、物力能與曹操抗衡，那就戰；如果您認為敵不過，那就降。」

孫權不服，反問：「照您這樣說，劉備為什麼不降呢？」

此話正中諸葛亮下懷，他進一步使用激將法說：「田橫，不過是齊國一個壯士罷了，尚且能堅守氣節，何況我們劉皇叔是皇室後代，蓋世英才，怎麼能甘心投降，任人擺佈呢？」

孫權的火立刻被激了起來，決心與曹軍決一死戰。

巧言激將，指的是在某些特定的環境和條件下，當有些人的自尊心受到壓抑，或者由於遭受挫折、犯了錯誤，以及其他種種原因，產生自卑感時，故意再給予貶低、刺激，藉以重新激發他的自尊心、自信心。

俗話說：「請將不如激將。」正確運用巧言激將法，一定能收到預期的效果。當然，一定要先衡量不同交談對象的客觀情況，擬定不同的激將策略。這就猶如治病，對症下藥，才有療效。

• 直激法

直激法就是面對面直率地貶低對方，刺激他、激怒他，以達到使他「跳起來」的目的。

• 暗激法

有意識地褒揚第三者，暗中貶低對方，激發出壓倒、超過第三者的決心。

人們都希望受到尊重，當有人在自己面前故意誇耀第三者，顯然會對起一種暗示性刺激。暗激法的巧妙，就在於它是以「言外之意」、「旁敲側擊」，委婉地傳

遞刺激訊息。

●導激法

激將，有時並不是簡單的否定、貶低，而是「激中有導」，用明確的或誘導性語言，把對方的熱情激發起來。

某校有一個調皮學生，成績一直很差。一次，他打了一位同學，還洋洋自得。老師對他說：「光能靠打架贏人，算什麼英雄呢？你的期末考試成績，能夠勝過人家嗎？」

一句話，激得這個調皮學生發憤，成績由此有了明顯的進步。

運用導激法，必須注意以下幾個問題：

1.看對象

被激的一方，必須是那種能激起來的人物，還要有強烈的自尊心，方能收到效果。另外，激將法是在雙方較爲熟悉的情況下進行的，不宜對陌生人採用。

2.看時機

如出言過早，時機不成熟，「反話」容易使人洩氣；出言過遲，又成了「馬後炮」。因此，運用導激法，不可不注意尋找合適時機。

3.注意分寸

運用激將法，不痛不癢的話當然不行，但言詞過於尖刻，也會令人反感。

•反語式激勵法

正話反講，用故意扭曲的訊息和反激的語氣，表述自己的意念，以激起對方發言表態，達到預期目標。

•及彼式激勵法

這是一種推己及人、將心比心的策略，激發對方做角色對換，設身處地設想，從而同意他人的語言回饋。

一位女公關人員陪同一位前來訪問的女經理，在市區進行半日的參觀遊覽。出發前，上司特別關照這位女公關人員，中午必須要設法設宴款待對方。

參觀某個景點時，經過兩家不錯的飯店，公關小姐一連向女經理詢問了兩次：「您的肚子餓嗎？」

女經理都客氣地搖搖頭。

後來，出了景區，公關小姐眼看行程即將結束，女經理就要回賓館用餐了，於是換了一種說法：「真是不好意思！老實說，早上出來時，怕您等我，我沒有來得及吃早餐，不過就吃了兩三塊餅乾，現在倒餓了。不介意的話，可否請您陪我吃一點呢？」

女經理聽了，欣然點頭。

及彼式的激勵，就是一段先由己及彼，再由彼及己的過程。

現實生活中，施行激將法，首先得了解所求之人的心理和情感世界的倏然變化，了解對方的好惡和是非標準，根據其社會平衡關係，機動靈活地激發產生某種情感和心理傾向，才能促使對方按照這種傾向，做出有利於己方的決策，並付諸行動。

避實就虛，爭取空間緩口氣

暫時迴避和正式迴避都只是一種手段，並非為了逃避，而是為自己謀求更大的空間，醞釀更強力的攻勢。

「避」，在談判中，是一種重要的技巧。

當對方反駁己方的既定條件，但己方不宜與其正面論爭，或是對方對談判結果反悔，己方不願修改時，「避」的技巧，就可派上用場了。

「避」在某種意義上說，是「守」的變形，二者功能相同，但形式有異。「守」表現爲正面交鋒，目的在陳述理由，反擊對手的攻勢，堅持本方的觀點。「避」則不然，一般不與對方做正面交鋒，是以與談判無直接聯繫的方法，封鎖對方的進攻，實現目的。

這種迴避技巧，又可細分爲暫時迴避和正式迴避兩種。

• 暫時迴避

若暫時無法決定是否接受對方的條件，需要評估之後才能拍板，暫時迴避就可爲自己贏得時間。

最常見的做法，就是告訴對方：「很抱歉，我得去一下化妝室。」而後起身佯裝上廁所，爲自己贏得些許時間。

回到談判桌後，可以繼續談判。若希望得到更多緩衝時間，也可以用比較外行的身份，提出虛心的請教：「我進入這一行的時間較短，沒什麼經驗，您能否幫我分析一下，依照您開出的條件，對於雙方，會有哪些影響？」

對方做分析時，就可在心中另行計算。相信等他分析完畢，對於是否能夠接受這個條件，或者該如何應對、反駁，你已心中有數了。

• 正式迴避

即正面聲明，自己無權力變更本方的談判條件。

你可以這樣向對方說：「抱歉，我已被上司告知，只能依照既定原則談判，如果你們要修改，那只有中止談判，讓我回去向上司請示，不過這樣一來，合約的簽定就要延後了，對雙方都有負面影響。另外，雖然你提出的條款確實能增利，但能否實行卻是未知數。這項利潤究竟能不能彌補延期的損失，也要詳細計算。」

從本質上說，暫時迴避和正式迴避都只是一種手段，而談判的最終目的，在於進攻。這兩種說話策略的施行，並非爲了逃避，而是爲自己謀求更大的空間，醞釀更強力的攻勢。

「激」出語言的最大魅力

同時展現出負責的態度、誠懇的語言、深切的感情，就是感染並激化買方，促使買賣成功的最好方法。

當用戶對商品產生購買慾望，但又顯得猶豫不決的時候，可以適時使用「激」的技巧，以求激發對方的好勝心理，促使迅速做出決斷。

一位男士在百貨公司販賣玩具的專櫃前停下，售貨小姐起身趨前，正巧看見男士伸手拿起聲控的玩具飛碟。

「先生您好呀！買玩具給孩子玩嗎？請問您的小孩多大了？」售貨小姐笑容可掬地問道。

「六歲。」男士說著，把玩具放回原位，眼光轉向他處。

「六歲！」小姐提高嗓門說：「這樣的年齡，玩這種玩具正是時候。」一邊說著，便將玩具的開關打開，男士的視線自然又被吸引回聲控玩具上。只見小姐把玩具放到地上，拿著聲控器，開始熟練地操縱起來，前進、後退、旋轉，接著又說：「讓孩子玩這種以聲音控制的玩具，可以培養出強烈的領導意識，很有幫助的。」

說完之後，她將聲控器遞出，讓對方實際操作。大約過兩三分鐘後，售貨小姐把玩具開關關掉，男士開口問道：「這一套多少錢？」

「五百五十元。」

「太貴了！算五百就好了吧？」

「先生！跟令郎未來的領導才華比起來，這其實根本微不足道。」

小姐稍停一下，看了看對方略顯猶豫的神色，馬上拿出兩個嶄新的乾電池說：「這樣好了，這兩個電池免費奉送！」

說著，便很快地把架上一個未開封的聲控玩具連同兩個電池，一起放進塑膠袋，遞給那名男士。

透過銷售的進行，可以清楚看出售貨小姐在過程中使用了「激」的策略。首先，她的問話十分有技巧，「孩子多大了」這樣的問題，不容易讓顧客產生戒心，從而爲下一步的「激」埋下伏筆。

其次，打開玩具開關的時間恰到好處，就在客戶剛要轉移目標時，而把聲控器遞出更是高招，可以非常有效地刺激購買慾望。

最後，售貨小姐做了最佳請求——爲了培育一個具有領導才華的兒子。天下父母心，誰能不爲之心動？

由於激將術的巧妙運用，終於促成一筆生意。

上面這個例子，算是比較一般的情形，也有一些時候，會遇到推銷難度較大的客戶。這時，雖然也該「激」，手法卻要調整，不能太過躁進，而以循序漸進的方式較好。

一間工廠的廠長接待了兩位推銷員，同樣都是來自偏遠山地的水災受災區，也同樣都為了推銷豬鬃刷。

第一位進門之後，開門見山地說：「我們是生產刷子的，最近受了災，日子不太好過，你們能不能買幾把？」

廠長搖搖頭，解釋了不需要的原因，說自己的工廠不是食品加工業，而是經營電子業務，根本用不到。推銷員看出希望不大，便離開了。

另一位推銷員就不同了，他一坐下，馬上用試探性的口氣問：「我看了看工廠的狀況，用到刷子的機會不多吧？」

廠長點點頭，表示實在是少之又少。

那名推銷員聽了，接著拿出一紙證明，相當憂慮地說：「是這樣的，我們這個地區受了災，相當嚴重，為此政府也撥了款項救濟，但仍是不夠，必須依靠自救，而衡量地形與天候條件，也只能生產豬毛刷子了。請您考慮一下，能不能買個幾把呢？」

廠長搖搖頭，但對方毫不死心，又進一步說：「我知道你們的用量不會太大，沒有關係的。事實上，哪怕只買一把，都是對災區重建的支持，所有村民必定打從

內心感謝您。」

如此層層逼近之下，終於成功挑起廠長的惻隱之心，最後不但成交，還一口氣買下好幾十把。

看完這個例證，你是否察覺了成功者與失敗者的差別？同樣推銷一種東西，一個有所收穫，另一個卻兩手空空。原因何在？就在於「激」的技巧。

第一位雖然開門見山，急切地請求對方接受推銷，但因交談中沒有掌握「激」的火候，以至於三言兩語便敗下陣來，只能空手而別。

第二位則不然，將「激」的火候掌握得恰到好處。他首先以詢問方式探知買方底細，得知「用量很少」之後，並不灰心喪氣，而是循循善誘地講述了自己的實際困難，以求喚起同情。

若能同時展現出負責的態度、誠懇的語言、深切的感情，就是感染並激化買方，促使買賣成功的最好方法。

要說，就說貼心話

採繞道方式進入正題，是降低戒心的好方法，較可能使顧客高興地接受商品，滿意而歸。

有人說「一句貼心話，招來萬戶客」，實在很有道理。

推銷商品的過程中，適時說出一句貼心話，足以使顧客「忘記」你是個推銷員，而看作自己的知心朋友。一句貼心話，可以有效縮小彼此之間的距離，讓原先持抗拒態度的顧客轉而言聽計從。

如此，既爲產品打開銷路，還等同交到一個朋友。幫助了顧客，當然也幫助了自己，有利無害。

想要貼近顧客，就該善用以下幾種表達技巧：

• 捕捉購買慾望，當一個好參謀

商場裡人山人海，川流不息，不過目的在看熱鬧、打發時間的人多，眞正有意願購買商品的人少，是大家共同的感受。

身爲一個好店員，當然不能乾等顧客上門，而應主動貼近，親切攀談，例如下面所舉的例子：

「您穿這套衣服挺合適，顯得高雅，大方。」

一位中年女店員笑瞇瞇地開口，對象是一位正在觀看、挑選各類胡椒的顧客。只見顧客將目光從陳列胡椒的貨架上收回來，滿意地看著自己的衣服。

「哪裡買的呢？簡直像是訂做的一樣合身。」

「是嗎？果然，大家都說好看呢！」那名顧客笑了起來，明顯有一種自豪感油然而生。

「您是想買些胡椒回去，為先生、孩子做一頓好吃的嗎？」話意一轉，回到了推銷產品、捕捉購買資訊的目的上。

「不，只是隨意看看。聽人家說把胡椒、生薑、蔥、鹽、白糖之類的一起煎了喝，很有驅寒的效果。」

「是的，這是傳統的偏方。有時候，偏方比醫生開的藥還靈呢！買這瓶吧！這個牌子的銷路很好。」

「這樣嗎？只是不知道究竟品質怎麼樣。」

「您放心好了，我們這個商場也是老字號了，不會賣品質不好的東西，破壞自己的信譽。而且，我天天都在這裡上班，若是有任何問題，隨時都可以來告訴我，不用擔心。」

就這樣，顧客高高興興地買了一瓶胡椒。

可以發現，那位女顧客最初並沒有強烈的購買意願，只是在經過調味貨架區的剎那起了一個念頭，所以駐足觀看。店員捕捉了微弱的資訊後，並非單刀直入詢問，而是先從感情上貼近，與顧客親切交談，讓對方自然產生好感，降低戒心，從而對產品產生興趣。

千萬別當顧客的敵人，而更應當扮演「參謀」角色，表現出站在同一陣線的模樣。採繞道方式進入正題，是降低戒心的好方法，較可能使顧客高興地接受商品，滿意而歸。

•不用命令式語氣，多用請求式

要想做成生意，必須先用熱誠去打動顧客的心，喚起他們對你的信任和好感，並因感到備受重視與關懷而高興。

做到這一點的必備條件，就是注意語言的表達技巧，多用「請您等一會兒，好嗎」之類的請求式語氣，避免一切的命令式語氣。

有一位書商，在推銷書籍時，總向顧客提出三個問題：「如果我送您這套十分有趣的、有關個人效率的書，您會讀一下嗎？如果讀了後非常喜歡，您會願意買下嗎？又如果您發現不太有興趣，在無須負擔郵資的情況下，可以把書寄回給我嗎？」由於語氣親切，措詞謙恭，顧客幾乎找不到說「不」的理由。

此外，遇到猶豫不決的顧客，還可以運用「您先試一試嗎」之類的請求式語氣，以求打破僵局、有效接近，提高成交的可能性。

●「見什麼人，說什麼話」，措詞要準確、得當

面對隨和型顧客要熱情、有耐心，順水推舟，滿足他們的自尊心；對嚴肅型顧客要真誠、主動，務求以柔克剛，誘使他們開口；面對慎重型顧客要不厭其煩，耐心解答，避免言語唐突，過度刺激；面對情緒型顧客要摸清需求，透過言行取得信任，逐步消除心理壓力，使產生安全感。

說穿了，推銷活動就是一種心理戰，要想貼近顧客，首先得掌握心理，主動迎合情勢和需求的變化，並且務求選擇最恰當對話方式，將「見什麼人，說什麼話」的精神發揮到極致。

輕易說「不」，必將傷害客戶

購買產品或服務，因為必須支付代價，必定更期望得到尊重，這種需求是可以理解並預知，設法妥善滿足的。

「不」是一個非常傷人的字，絕對沒有人喜歡聽到，所以，如果希望自己的生意進展順利，便不要輕易說起。在美國，有一家專門販售日用品的羅伯梅德公司，旗下共擁有四間連鎖店，數百位員工。針對服務品質，公司高層有以下兩項規定：

- 絕不對顧客說「不」。
- 顧客離去時，必須是滿意的。

以服務爲取向的公司，即便經營得多成功，也未必都能夠提供送貨服務，但羅伯梅德公司完全不一樣，只要顧客提出要求，馬上派人將貨送到。

羅伯梅德日用品公司的經營範圍相當廣，販售產品高達兩千五百種。儘管業務繁忙，公司上上下下都願意花費寶貴的時間，答覆處理顧客對產品的抱怨或使用問題，且秉持最高原則——面對客訴，絕不說「不」，務求不使顧客產生敵對情緒。

甚至曾有一次，某位顧客來到羅伯梅德公司，抱怨說自己買的高壓鍋品質非常不好，用不到一個月就壞了。

賣場人員檢查了一下，發現明顯是顧客自身的使用疏失，但仍好言好語地表示歉意，並免費提供修理。

一個月後，這名顧客帶著幾位朋友再次登門，但不是爲了抱怨，而是爲了採買需要的其他大小日用品。

爲什麼這名顧客願意替羅伯梅德公司介紹生意，而不會想要換一家店看看？答案很簡單，就是良好服務凝聚了顧客的忠誠度。

忠誠度絕對是削價政策買不來的，只懂得用低價吸引顧客的公司，一旦將價格提高，就會馬上看見顧客另投他人懷抱。

拿出好服務才能打下穩定可靠的客源基礎，這點絕不是作假可以騙來。而良好

的服務，首先便從得體的言語開始。

下面條列的幾點，是除了直接表示拒絕的「不」之外，公認同樣不適宜、不受顧客歡迎的幾句話：

1.這不是我的責任。

2.這件事情不在我的管轄範圍。

3.沒辦法，這就是規定。

4.不好意思，這是您當初的選擇，我無能為力。

5.規則都寫得很清楚了，請自己看一下。

此外，在爲顧客服務時，要儘量多使用以下詞語：

1.您、您們——用「您」，絕對比用「你」更好。

2.是、好的、沒有問題、可以——相較於否定，肯定的短句子當然更能讓顧客感到滿意。

3.最好的方法是、最快的方法是——表示出對狀況的了解與誠懇建議，可以讓顧客放心，產生信賴。

任何顧客購買產品或服務，必須支付一定代價，必定更期望得到他人的尊重，這種需求是可以理解並預知，設法妥善滿足的。在容許的範圍內，應儘量尊重顧客的想法，按顧客的意思去做，如果用無禮的言語或態度頂撞，必定將送上門的生意搞砸。

請不要對顧客說「不」，不要說任何可能引起反感的話。

PART 3

先讚美，然後再責備

先表示讚揚，用讚美的話語當中和劑，令對方反駁不是，發怒也不是，再有理有據地批評，更能令人心悅誠服地接受。

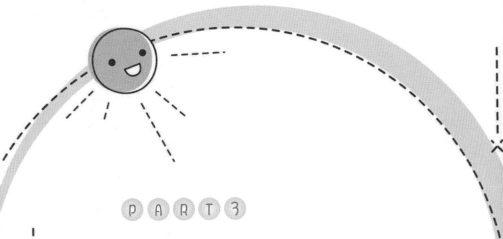

先讚美，然後再責備

先表示讚揚，用讚美的話語當中和劑，令對方反駁不是，發怒也不是，再有理有據地批評，更能令人心悅誠服地接受。

一般情況下，批評指責都讓人難以接受。如果在展開批評前適當地加入一些讚美，則會收到意想不到的效果。

- 先讚美，後將軍

A國援建B國一大型工程，興建過程中卻遇到了停電的困擾，難以如期完工。工程隊負責人找到B國電力委員會經理，誰知對方百般推搪。碰釘子後，A國負責人決定智取。

他先設宴款待這位經理，不斷以外交辭令誇讚對方「很有才幹」，感謝他對雙

方的支援與合作「卓有成效」。正當對方喜不自禁時，他話鋒一轉，以調侃的語調說：「我們如果不能按期完工，固然要負起責任，您作為這個項目的總負責人，也免不了受到負面影響。上頭要是追究下來，您恐怕……」

此言在軟硬夾攻中點明要害，立即引起了對方的重視。這位經理只得笑道：「不會延期的，絕對不會。」

隔日，工地的供電順利恢復。

工程隊負責人藉以打動對方的，正是「先讚美，後將軍」的套路，由此充分顯示出話語的分量來。

・適度的讚美

歐美一些企業家主張使用「三明治」批評法，即在批評別人前，先找出對方的長處，讚美一番。同時，也要力圖使談話在友好的氣氛中結束，批評後同樣要再使用一些讚揚詞語。

這種兩頭讚揚、中間批評的方式，很像夾著餡料的三明治。用這種方式處理問題，對方可能不會那麼難爲情，可以減少對方被激怒所引起的衝突。

這種方法在很多情況下都很有效，主要優點在於批評者提到了對方的長處，無形之間產生替對方迴護的作用。

也許被批評方的能力、爲人、工作是否努力等方面，有很多可以肯定的地方，批評者如果視而不見，很可能會給人不公平的感覺，認爲自己多方面的成績或長期的努力，沒有得到應有的重視。

批評者首先讚揚對方，就能夠避免這種誤會，使他知道批評是對事而不是對人，自然會放棄用辯解甚至爭執來維護自尊心的做法。

試想一下吧！先聽到別人對我們的某些長處表示讚賞，然後再聽到他的批評，心裡往往會好受得多，不是嗎？

麥金尼在一八九六年競選美國總統時，就曾採用過這種方法。那時，共和黨內有一位重要人物，替麥金尼寫了一篇競選演說稿，並自以為寫得高明，便大聲地念給麥金尼聽，語調鏗鏘，聲情並茂。

然而，麥金尼聽後，卻覺得有些觀點很不妥當，可能會引起批評風暴。很顯然，

這篇演講稿不能用。

他沒有直接拒絕，而是這樣說：「我的朋友，這是篇精彩有力的演說，我聽了很興奮。在許多場合中，這些話都是完全正確的。不過，用在目前這種特殊場合，是不是也同樣合適呢？我不能不以黨的觀點考慮它將帶來的影響。請你根據我的提示，另外再寫一篇演說稿，然後給我一份副本吧！怎麼樣？」

那位重要人物沒有二話，立刻照辦。

指出別人的缺點，可能會與對方意思相違而造成傷害，也可能會因對方態度的蠻橫而傷及自己，這時，就需要用讚美的話語當中和劑，令聽者反駁不是，發怒也不是，再提出有理有據的批評，令他心悅誠服地接受。

一位部門科長一大早見到他的秘書，誇她：「妳昨天擬的那份報告很好，我很喜歡。」

女秘書聽了，受寵若驚。只聽科長又不急不徐地接著說：「如果能再注意一下錯別字，一定能夠更好。」

用讚美中和批評，就像在很苦的藥丸外面裹上糖衣，先讓人感到甜，容易一下子呑到肚裡。等藥物進入腸胃，藥性再發生作用。病人既不會感到藥苦，難以下嚥，又能把病給治好。

良藥未必苦口，批評也要講究方法。不顧時間、地點、對方心理，直接了當、劈頭蓋臉就是一陣冷言惡語，不僅達不到批評目的，還會適得其反。

和風細雨地指出錯誤和缺點，你的批評才能產生良性效果。

面對窘境，要保持鎮定

特殊局面的出現，往往是剎那間的事情，如果大驚失色，缺乏鎮靜，只會讓自己手足無措。此時要注意在心理上保持穩定，鎮靜自若地面對。

日常生活中，意想不到的事情總是不斷發生，不是自己突然失言失態，就是對方的反應出乎意料，或者周圍的環境發生難以預知的變化。

這些猝不及防的改變，往往使我們陷入進退維谷中，如果處理得不好，更可能狼狽不堪，尷尬無比。

其實，對於讓人難堪的窘境，有很多種化解辦法，關鍵在於隨機應變。

隨機應變是社交技巧中一種極爲高超的能力，要做到這一點，必須具備非常敏銳的思維，更需要比較長期的模仿、學習和應用訓練。

一般說來，隨機應變可以透過如下方法展現：

• 機智

如果說出的話有疏漏，就只有立即發揮隨機應變的能力，盡快適應變化的情境和話題，修正言談內容，進行最快速的調整，避免尷尬。

• 幽默

與人發生矛盾時，拋出一兩句幽默的語言，能產生神奇的效果，瞬間化解僵局，舒緩緊繃的氣氛，使窘迫難堪的場面在笑語中消失得無影無蹤。

• 鎮靜

特殊局面的出現，往往是剎那間的事情，如果大驚失色，缺乏鎮靜，只會讓自己手足無措，亂上添亂。此時要注意在心理上保持穩定，鎮靜自若地面對出現的各種問題，才有可能巧妙機智地應付特殊場合。

交往中形勢的變化難以預料，如果能自始至終處於引導地位，就能保證形勢按照你的要求與意願發展和變化。

但是「天有不測風雲」，有時仍難免會被對方抓住空檔乘虛而入。處於被動局

面時，擺脫困境的技巧就非常必要了。

具備隨機應變的能力，無論發生什麼事，都能夠兵來將擋，水來土掩，見方則方，遇圓則圓，應付自如。

「人有失足，馬有漏蹄」，在交際過程中，無論凡人名人，都免不了發生言語失誤。雖然個中原因有別，但造成的後果卻是相似的，或是貽笑大方，或是糾紛四起，有時甚至不堪收拾。

那麼，能不能採取一些補救措施或者彌補之術，避免言行失誤帶來的難堪局面呢?答案是肯定的，有以下兩個要點。

●借題發揮息眾嘩

據說有一次，司馬昭與阮籍同上早朝，忽然有侍者前來報告，有人殺死了自己的母親！

放蕩不羈的阮籍一聽，不假思索便說：「殺父親也就罷了，怎麼能殺母親呢？」

此言一出，滿朝文武大譁，認爲他「抵括孝道」。

阮籍意識到言語的失誤，連忙解釋說：「我的意思是說，禽獸只知其母而不知其父。殺父就如同禽獸一般，殺母呢？連禽獸也不如了。」

一席話，使眾人無可辯駁，阮籍幸運地避免了禍事。

●坦率道歉莫遮醜

對待言語失誤，公開道歉有時比硬拗、掩飾更高明。

在社交中，誰也不能預料到一切，難免會出現變數。這時，原來準備應付的情況全變了，不能再以不變應萬變，只好以變應變了。

換個角度，對方才會心服口服

人們通常會為自己的謊言尋找各種藉口，想加以戳穿，必須巧妙地指出對方自我矛盾之處，才能說得他口服心服，主動地改正錯誤。

一個人的應變能力，以人生經驗爲基礎，經過多次實踐，必然會變得老練聰明。與此同時，也可以反映出一個人的機智和修養。在這方面功底深厚的人，才有可能在情況發生變化時化險爲夷，化拙爲巧，使自己擺脫尷尬，在交際中取得良好的效果。

要能夠以變應變，首先要做到以下幾點：

• **無論出現什麼情況，都保持高度的冷靜**

假如在一次商務交際中，對方談及價格時，突然揭了你底，說你給某公司的價

格很低，給他們的過高，實在是太欺負人了，該怎麼應付？

首先，你必須保持冷靜，情緒過分緊張或者激動都不行。

理虧地承認事實（這就意味著在價格上讓步，但信譽免不了受到損失，失去對方的信任），或者憤怒爭辯，拚命否認，很可能當場就不歡而散。

但是如果保持冷靜，便有可能很快找出理由，比如價格低並不保證退換維修，或某一方面沒有運用新材料、新技術，或者在付款形式、供貨期限、品質保險等方面有差異。無論如何，你總能夠找出合適的理由來挽救局面，使彼此都有繼續商談的機會和可能性。

●巧妙地轉移話題，分散別人的注意力

一旦說錯了話或者做錯了什麼事，除了迅速承認錯誤之外，還要學會巧妙地轉移話題，把別人的注意力吸引到其他方面。

比如用幽默或玩笑的方式轉移目標，把關於人的事扯到某種物上面，把令人緊張的話題變成輕鬆的玩笑。

當然，想要順利進行，需要口才和應變能力的幫助。

此外，在談話中，當對方堅定地表達了一個觀點，如果你不同意，要改變他的觀點時，首先要顧全他的面子。

畢竟，要他轉變立場同意你的意見，就等於要他放棄先前堅持的一切，承認自己的想法是錯誤的、不合適的，這並不容易。

談話精明者知道如何給人面子，使對方不至於因爲出爾反爾而下不了台。

一家百貨公司來了一位顧客，要求退換她買的一件外衣。她已經把衣服帶回家，並且穿過了，只是她丈夫不喜歡，她卻堅持「絕沒穿過」。

售貨員檢查了外衣，發現有不明顯的洗過痕跡，但直接了當地指出，顧客絕不會輕易承認，因為她說了「絕沒穿過」。這樣做，只可能在雙方之間引發一場爭執。

於是，機敏的售貨員說：「您可否想一想，您家裡是否有人誤把這件衣服放進洗衣機洗過了?記得不久前，我也有過同樣的經歷，把一件剛買的衣服和其他衣服一起堆放在沙發上，結果我丈夫沒注意，把它們全塞進了洗衣機裡。我想您應該是遇到了相似的情況，因為這件衣服上，的確有洗過的痕跡。」

顧客想了一下，知道無可辯駁，售貨員又為她的錯誤準備好了藉口，給了她一個台階，於是她順水推舟，乖乖地收起衣服走了。

正因爲售貨員把話說得婉轉，使她不能撕破臉，又不好意思繼續再堅持。一場可能的爭執，就這樣被聰明地避免掉。

人們通常會爲自己的謊言尋找各種藉口，想加以戳穿，必須巧妙地指出對方自我矛盾之處，才能說得他口服心服，主動地改正錯誤。

學會說「不」的智慧

考慮到可能會給自己帶來某些不方便，就有勇氣說「不」了。學會拒絕，可節省大量的時間，避免不必要的麻煩。

有些人天生害怕說「不」，害怕別人否認自己的能力，害怕傷了別人的面子。卻不知一味地接受，只會讓自己惹上越來越多的麻煩。一時的尷尬卻可以換來長久的寧靜，爲什麼不說「不」呢？

俄國十月革命前的某一天，植物育種家米丘林正在植物園裡工作。忽然，他的家人跑來說：「市長先生想要見見您。」

米丘林頭也不抬，繼續工作。

家人於是又大聲地重複了一遍剛才的話，米丘林的反應卻是擺擺手。

接近米丘林的人都知道，他是一個非常珍惜時間的人。在他眼裡，一分一秒都非常寶貴。

例如，他常常把工具隨時放在身邊，為的是要用的時候不必到處找，節省時間。他的手杖上有尺寸，為的是散步時也能測量樹木的高矮，一物多用，節省時間。

「您知道，這可是市長……」家人強調說。

「我連一分鐘都不願意白白度過！」說完，米丘林又忙著整理果樹了。

學會了拒絕別人，既可以節省大量的時間，也避免許多不必要的麻煩。

誠然，與人交往和幫助別人非常重要，尤其是主動的幫助，更會受到人們的歡迎。但如果是被某種心理壓力所迫，對一切都點頭答應，便等於屈服於某些動機，例如需要得到別人的接受或讚揚，害怕給別人帶來不快和麻煩，希望別人感恩，有朝一日得到報答等，於人於己，都不見得有好處。

因此，你必須掌握一些巧妙地拒絕別人的求助，又不傷害友誼，並且能獲得理

解和體諒的交往技能。

以下，是幾點拒絕的說話技巧：

•為自己留下轉圜餘地

有些問題一時尚不明朗，需要進一步了解事實眞相，或看看事態的發展及周圍形勢的變化，才能提出主張。

「模糊表態」能給自己留下仔細考慮、愼重決策的餘地。要是輕易答應，不僅影響自己的威信和聲譽，也會因此造成人際關係的損失。

比如，對把握性不大的事，可採取彈性的回應，使用「盡力而爲」、「盡最大努力」、「盡可能」等靈活性字眼，留下一定的轉圜餘地。

對於那些不是自己能獨立解決的問題，應採取隱含前提條件的承諾。

比如，你是一個有影響力的人，你的朋友請你幫忙關說，讓他進入理想中的工作單位，你不妨這樣說：「你首先要通過考試，包括筆試和面試，在這之後，我才能幫你找人。」

這裡用「考試」對承諾的內容做了必要的限制，既展現了自己的誠意，又話語靈活，具有分寸，還暗示了自己的難處，可說一石三鳥。

●留給對方一些希望

要求你解決或答覆問題的人，內心總是寄予著厚望，希望一切都能如願以償，圓滿解決。如果突然遭到生硬的拒絕，由於缺乏必要的心理準備，很可能會因過分失望或悲傷，心理上難以平衡，導致情緒不穩定，產生偏激言行。

這時，不如不要把話說死，你可以告訴他：「這件事比較棘手，讓我看看再說。」既給自己以後的態度留下了轉圜的餘地，又使對方不至於感到絕望，使情緒趨於穩定。

掌握拒絕的訣竅

準備說「不」字時，主動為對方考慮一下退路或補救措施，使他們不至於一下子跌進失望的深谷。

生活中，常常會出現一些需要拒絕的事，例如當別人期待的幫助完全出於個人利益的考量，或是有人試圖讓你代替他完成分內的工作……只要可能會給自己帶來某些不方便，就要考慮說「不」，否則將因此引來更大的痲煩。

上司要求你晚上加班，但你卻必須照顧生病的孩子；鄰居託你出差時捎帶東西，你卻因行程太滿無暇顧及；朋友求你辦件事，你卻實在無能爲力……，這種時候，究竟該怎麼辦？

這種時候，你需要掌握拒絕的技巧，幽默巧妙地說「不」。

• 誘引法

需要否定時，不妨在言語中安排一兩個邏輯前提。不直接說出結論，但邏輯上必然產生否定結論，留給對方自己領悟。這種方法，面對上級時使用，效果比較理想。

戰國時，韓宣王欲重用兩個部下，向一位大臣徵求意見。這位大臣明知重用二人不妥，但如果直言「不」，可能會冒犯韓王，並且還會讓韓王誤以為自己妒忌賢能，於是，他這樣表達了自己的見解：「魏王曾因重用這兩人，丟過國土，楚王也因重用他們而丟了國土，如果我們也重用這兩人，將來，他們會不會也把我國出賣給外國？」

聽了這話，韓宣王便不得不放棄原有的打算。

• 讓步法

準備說「不」字時，主動爲對方考慮一下退路或補救措施，使他們不至於一下子跌進失望的深谷。

有一次，美國口才與交際學大師卡內基，不得不拒絕一個於情於理都不應拒絕

的演講邀請。

他衡量了一下，這樣對邀請者說：「很遺憾，我實在排不出時間了。對了，某某先生講得也很好，說不定他更適合你們。」然後推薦了一個目前有實力解決此問題的同行。

如此一來，邀請者多多少少獲得了心理補償，減輕因遭拒絕而產生的不滿和失望。

當我們對對方的要求「心有餘而力不足」時，不妨採用這種方法，它可以充分表達誠意，得到理解。

●曲解法

即故意曲解對方話中的涵義。爲了達到拒絕的目的，不妨裝聾作啞一回。

一次，一位貴婦人邀請義大利著名的小提琴家帕格尼尼到她家裡喝茶，帕格尼尼同意了。

當然，貴婦人是醉翁之意不在酒。果然，臨出門時，貴婦人又笑著補充說：「親愛的藝術家，請您千萬不要忘了，明天來的時候帶上小提琴。」

「這是為什麼呀？」帕格尼尼故作驚訝地說，「太太，您該知道，我的小提琴是不喝茶的。」

藉故意曲解對方的語言，聰明的音樂家明白表示了拒絕。

這種方法，適用於那些愛玩小手段的狡猾者，讓對方面對拒絕也只能啞巴吃黃蓮，有火發不出。

●讚美法

妻子對丈夫說：「親愛的，格林夫人買了一頂帽子，真好看！」

丈夫：「如果她像妳這麼漂亮，根本不用買帽子。」

聰明的丈夫透過誇讚妻子的美貌，巧妙地達到了拒絕的目的，既討好了妻子，又不需要破財，一舉兩得。

說「不」，也是一種藝術

不得已必須拒絕別人的請求時，注意拒絕的藝術，既能維繫人際網路，又不必為難自己，彼此皆大歡喜。

語言專家貝爾曾經寫道：「一句話往往再加上幾個字，就可以讓別人原本不想聽的話，變成別人願意聽的話。」

拒絕的藝術也是如此，有時候只要加上一些裝飾性話語或行動，就可以更巧妙地傳達自己真正想要表達的意思。

生活中必然會碰到需要拒絕的時候。拒絕要講究藝術。當別人滿懷希望、帶著信任而來，卻只給人家一個「不」字，豈不像是當頭潑了一盆冷水？

比較好的拒絕方法，還是以誠相告，講解清楚，讓對方了解你對這件事確實無能爲力。如果在你坦白了自己「無能爲力」之後，還能夠爲他推薦替代辦法，效果更好。

●不立刻拒絕

當別人提出請求時，如果你連對方的理由、動機都沒有興趣傾聽，就立刻加以拒絕，會讓人覺得你冷漠無情，甚至因此懷有偏見。

別人對你提出請求，背後一定其理由與動機，應該先傾聽了解。如果自己有不得已的苦衷，可以婉轉說明，或是事隔幾天再予以說明。

比如，對方請你幫忙求職，如果你沒有能力幫這個忙，也不要一口回絕。可以先請對方寫下自己的簡歷、意願、要求、聯繫方法等，這樣的「立即行動」，就讓別人親眼看到了你想幫忙的「事實」，產生感激。

幾天後，在對方還沒聯繫你之前，首先打電話給他：「這幾天我一直爲你的事找人，但某某職務的條件要求很高，有些困難。」

再過兩三天，再次主動找到他：「眞對不起，我找過我熟識的人了，但是這次

競爭很激烈……沒辦法，等以後有機會再說吧！」

• 有代替的拒絕

誰也不願意向別人開口要求幫助，既然開口，背後一定有原因。輕易地予以拒絕，會使自己失去幫助別人、獲得友誼的機會。

也許他跟你要求的這一點，你實在幫不上忙，但你可以想辦法，用另一個替代的方法幫助他。

如此一來，即便拒絕了原來的請求，他也一樣會感謝你。

• 不要在盛怒之下拒絕

在盛怒之下拒絕別人的請求，常會因「口不擇言」而傷害對方，也會讓別人覺得你一點同情心都沒有。

拒絕的時候，最好面帶微笑，態度莊重，使對方感到你對他的尊重與禮貌。如此一來，即使被拒絕，也會欣然接受。

• 告知對方，你確實心有餘而力不足

別人求助時，雖然知道自己幫不了忙，但也應熱情接待，對於求助者的苦難和

求援表示理解和同情，坦誠地說明幫不了忙的原因。

如有可能，也可以幫助對方出一些主意或建議，還可以提供別的求助線索，以免除求助者的誤解，使他明白你眞是心有餘而力不足。即使你幫不上忙，求助者也會心懷感激，因爲你盡了最大的努力。

爲善常樂，助人爲樂，當不得已必須拒絕別人的請求時，注意以上所述的拒絕的藝術，就不會使拒絕變爲難堪。

掌握拒絕的技巧，在與人交往的過程中就可以遊刃有餘，既能維繫人際網路，又不必爲難自己，彼此皆大歡喜。

適度讚美，可以為人際交往「開胃」

適度讚美，可以為人際交往「開胃」，如果反覆濫用或過度讚美，就會顯得肉麻而令人起疑，如果言不由衷，更會收到相反的效果。

讚美是對人的一種肯定，這種話人人都愛聽。

讚美適當，最能取悅人心。對別人說這樣的話，只要恰如其分，對方一定感到高興，對你的好感也會增加。

事實上，越是傲慢的人，越喜歡聽讚美話。

有人義正詞嚴地說自己不愛聽讚美的話，只願意接受批評，其實這只是場面話。如果你信以爲眞，毫不客氣地直言批評，即便他表面上沒有表示，內心也一定十分不悅，對於你的好感只會降低，絕不會增加。

讚美的語言，對人際溝通、維繫良好的關係，足以產生重要作用。懂得說讚美話，別人聽了舒服，也不降低你的高度。

讚美，絕對是與人溝通的一門重要功課。

曾在背水一戰中大出鋒頭的韓信，年輕時受過「胯下之辱」。後來，他追隨漢高祖劉邦，屢建奇功，於是有人斷言：「如果漢高祖沒有韓信，根本無法完成統一天下的霸業。」

這樣的話傳到劉邦耳中，讓他對韓信日益強大的力量產生畏懼，於是有意尋找藉口，以企圖謀反的罪名，把韓信除掉。

此時，韓信並不為自己辯護，只是說：「狡兔死，走狗烹；飛鳥盡，良弓藏；敵國破，謀臣亡。結局果然像人家預料的那樣，我韓信除了被烹、被殺，絕無出路了！」

劉邦聽了，心想韓信乃是開國功臣，不能隨便殺掉，便將他的王位貶為侯爵，暫且擱置，以觀後效。

韓信受到如此打擊之後，心懷憂憤，日子過得十分不愉快。

想不到不久之後，久未謀面的兩人又有了一次見面談話的機會。韓信本來臉皮就厚，又善於讚美，便抓住這個機會，適時地將劉邦讚美了一番，產生了很好的效果。

話題首先從評論將士開始，但雙方各持不同見解。劉邦便問韓信：「你看，我有統率幾萬大軍的能力？」

韓信答：「陛下最多只能統率十萬左右的大軍。」

劉邦又問：「那麼，你呢？」

韓信一笑：「在下當然是多多益善！」

劉邦也笑著問：「既然如此，你又為什麼被我所用呢？」

這時，韓信開始巧妙地讚美了：「陛下雖然沒有『將兵』的才能，卻具有『將將』的才能。在下之所以被陛下所用，道理正在於此。而且陛下的這種能力是天生的，不是普通人所能具有。」

韓信的讚美，堪稱一絕，劉邦被讚美得樂不可支。他到底如何作答，史書未有記載，但由後來韓信的復出，不難推知一二。

需要注意的是，讚美也要拿捏有度。令人感到刻意的讚美話，不僅會在無意中將彼此的距離拉開，更會讓對方產生防範心理。

適度讚美，可以爲人際交往「開胃」，但要是反覆濫用或過度讚美，就會顯得肉麻而令人起疑，如果言不由衷，更會收到相反的效果，也就是人們常說的「馬屁拍在馬腿上」。

學會適度讚美，可以爲溝通和人際關係鋪就一條良好的通道。

發揮讚美與微笑的魅力

當顧客不接受產品或服務，甚且挑剔抱怨時，只要堅持內心的愛和臉上的微笑，一樣可以化解歧見與煩惱。

有誰喜歡聽別人批評自己？又有誰不喜歡聽別人讚美自己？

答案其實再明顯不過，無論表現得多麼豁達大度，事實上，每一個人都不喜歡被批評，卻都喜歡受讚美。

所以，知名的古羅馬政治家西塞羅說過這樣一句話：「我們都會為愛的禮讚而興奮不已。」

千萬別小看了讚美的威力，它不僅能讓人感到愉快，更能激勵他們看到自己身上最好的一面，並且更喜歡你，願意接近你。

所以，絕對不要吝惜眞誠的讚美，而應慷慨地將它們散播給所遇見的每一個人，讓大家都能在茫茫世界中感受一些溫暖，所謂愛的禮贊。

下一次，和陌生人初見面時，不妨馬上加以讚美，無論是對他的行爲、外表，或者擁有物。只要分寸拿捏得宜且方式高明，對方必定會馬上感覺到誠意和友好，願意進一步展開交往聯繫。

初見面時的讚美，該如何進行較恰當？

●不宜太直接，最好不留痕跡

東方民族普遍較含蓄，因此與陌生人相處時，太過直接露骨的讚美很容易被認爲虛情假意，讓人無法相信，甚至因爲肉麻而起反感。

爲了避免弄巧成拙，你可以從與當事人相關的人或物著手。

「這是您的孩子嗎？幾年級了？長得還眞是漂亮啊！」

「這個髮型，搭配身上這件衣服，整體感覺非常適合呢！」

●態度真誠，措辭委婉

讚美一定得出於眞心的欣賞，要有事實依據，並且委婉貼切。越是誇張牽強的

語言，越容易弄巧成拙，讓對方感到被愚弄不說，印象更是大打折扣。

唯有出自善意的建議，足以讓人感受到眞心誠意的關懷和讚美。如果只說「你的髮型不錯」，對方很容易認爲這不過隨口說說，形同敷衍，但若進一步說「瀏海若再稍微短一點，就更有精神了」，如此既間接稱讚了現在的髮型，又提出更好的善意建議，不會讓人覺得只是虛僞的奉承，而是發自內心眞正的重視與關心，效果自然不可同日而語。

●面帶親切微笑

「帶著微笑從事銷售，使我無往而不勝。」一位成功的推銷員曾這樣說。

一點也沒錯！微笑有著無比神奇的魔力，不僅可以使自己的精神得到放鬆，增強自信，更能夠架起心與心的橋樑，讓你和陌生人之間的距離迅速縮短。

俗話說「伸手不打笑臉人」，對人微笑等於告訴別人「我喜歡你，很高興能見到並認識你」，如此善意，誰能拒絕？

推銷就等同在銷售一種服務，服務的人自然必須做到熱情周到，而不能冷若冰霜。微笑，是與人交往時最初的一道陽光，能讓對方體會到友善。

微笑很特別，它不能買、不能求、不能借，只能自然而然發自個人的內心深處。唯有時刻想著與陌生的朋友分享愛、分享歡樂，才能面帶親切自然的微笑，讓所有接觸的人都無法抗拒。

當顧客不接受產品或服務，甚且挑剔抱怨時，只要堅持內心的愛和臉上的微笑，一樣可以化解歧見與煩惱。千萬別忘了一句老話——買賣不成情意在，只要成爲朋友，維繫良好關係，還怕以後沒機會嗎？

用眞誠的態度和臉上的微笑包裝你的讚美，絕對能讓說出的每一句話都收到更大的實質效益，不妨一試。

讚美，讓語言更美

善用語言的藝術，可以有效提升自己的推銷技術，鞏固人際交往，但也要小心別誤觸對方的「地雷」。

美國總統林肯曾說：「每一個人都喜歡被讚美。」

身爲一位店員或推銷員，或者大企業經營者，只要你想做成生意，那麼在看到客戶所做的某一件事或所得到的成就值得讚美時，一定要馬上提出來，並且告訴他們，你非常欽佩與讚賞。要知道，對顧客的成就、特質、財產所做的所有讚美，等同提高他的自我肯定，讓他更感到開心，並增加對你的好感和滿意度。

說一些讚美的話，用不了太多時間與太多精力，可以達到的效果卻超乎想像。不過幾秒鐘的時間，人與人之間的關係與情感就能夠大大增進，甚至是一百八十度的完全扭轉。

眞心的讚美，可以由以下幾種方式著手：

1. 稱讚顧客的衣著。

「我很喜歡你的領帶，搭起來眞有品味。」

「你穿這件毛衣眞好看，襯得氣色非常好。」

2. 稱讚顧客的孩子。

「您的兒子眞是可愛，而且非常懂事呢！」

「您的女兒好漂亮，她今年幾歲啦？上幼稚園了嗎？」

3. 稱讚顧客的行為。

「對不起久等了，謝謝您的體諒，您眞是有耐心。」

「自備購物袋嗎？唉呀！您眞是太有環保概念了！」

4. 稱讚顧客自己擁有的東西。

「這輛車保養的眞好啊！出廠很多年了嗎？完全看不出來呢！」

「從這頂帽子看來，您一定是洋基隊的忠實球迷吧！」

以上幾種形式的讚美，往往可以讓顧客感到高興，從而建立起自己的好形象。

另外，讚美時，要注意以下細節，避免收到反效果：

1. 必須要有實際內容。

沒有實際內容的讚美，聽來更像是嘲弄。比如只說「您好偉大喲」，卻不說原因爲何，就顯得酸溜溜，容易令聆聽者不快。

2. 從細節開始。

與其只說某件衣服很漂亮，不如明確地說出漂亮在哪裡，例如「這身衣服很好看，尤其是下擺剪裁，很有修飾身材的效果」，就是一種高明的稱讚。

3. 切合當下的環境。

若當時天氣很熱，顧客因爲衣服穿得太多而猛冒汗，一臉狼狽，你就絕對不能說：「哇！這件衣服多漂亮啊！」

善用語言的藝術，可以有效提升自己的推銷技術，鞏固人際交往，但與此同時也要小心，別觸犯那些顯而易見的禁區，或誤踩對方的「地雷」。

PART 4

說話繞個彎，更討人喜歡

話中有話，是高明的待人處世方式之一，學會將說出的話繞個彎，才不至於衝撞別人，更能討得他人的喜歡。

懂得批評，才能發人深省

批評要講究方法，如果只是無意義的謾罵與指責，問題永遠無法解決，反而還會影響自己的人際關係。

每個人都會犯錯，這是難免的。到底要用什麼樣的批評方式，比較能夠讓犯錯者虛心接受呢？

以下，介紹幾種容易被接受的「藝術性批評」：

●請教式

有一個人在一處貼有「禁止捕撈」公告的水庫內網魚，見遠處走來一名員警，心想這下可糟了。不料員警走近之後，並沒有大聲訓斥他，反而和氣地說：「先生，您在這裡洗網子，下游的河水豈不被汙染了？」

捕魚者大感汗顏，連忙誠懇地道歉離去。

當犯錯者發覺自己的工作出現錯誤時，多會深感自責。這個時候，其實沒有必要再加以厲聲訓斥，用溫和的方式進行「冷處理」，效果反而會更好。

• 安慰式

多從對方的角度考慮問題，真正體會他的用心。你很有可能會發現，站在對方的立場時，你恐怕也會犯下同樣的錯誤。

既然能意識到這一層，就應該注意保持平靜的心情，在給予批評的同時，也留些餘地，給予安慰。畢竟，批評態度過於蠻橫、激烈，很可能會使人生出逆反心理，收到反效果。

當然，你的安慰也應該要有個限度，切記明確你的態度，絕不可以留下鼓勵、勸勉的錯誤印象，那樣同樣無助於問題的解決。

• 暗示式

批評本來就是一件令人不痛快的事，尤其是針對那些有「過分殷勤癖」的人。例如，有些秘書對自己的上司十分體貼，但不懂得拿捏分寸。當上司正集中精力、全神貫注地處理一份重要文件時，三番兩次地打擾。

這種時候，你可以告訴這位秘書：「我覺得王秘書不錯，安安靜靜的。」以另一位比較安靜的秘書作榜樣，透過兩相對照，下屬自會心領神會。用這種方法，不但使下屬保住了面子，也維護了自尊，同時了解自己的錯誤，可謂是「一箭雙鵰」的做法。

● 模糊式

某公司為了整頓紀律，召開員工大會。董事長在會上說：「最近我們公司的紀律總體來說不錯，但也有個別人表現較差，有的遲到早退，也有的在上班時間聊天……」

這就是典型的模糊式批評。這位董事長用了不少模糊語言，例如「最近」、「總體」、「個別」、「有的」、「也有的」等等。這樣一來既顧全員工的面子，又指出了問題。這種說法，效果往往比直接點名批評還要好。

● 說服式

大多數的批評者，往往把重點放在提出對方「錯」的地方，卻不能清楚地指明

應該怎麼做。例如，有的人批評時喜歡說：「你非得這樣做不可嗎？」這是一句廢話，因爲它沒有絲毫實際內容，只純粹表示了個人的不滿意，並造成對方的心理壓力，不利於解決問題。

在指責的同時，也應該指出如何做才是正確的，這樣才更具有說服力，能使被批評者心悅誠服地接受，積極主動改正錯誤。

指出別人的缺點時，氣氛總是很緊張，在緊張的氛圍中把握好說話的分寸，往往又比較困難。批評別人的時候，該怎樣做才能既不傷害對方，又不至於因引起對方的反感而傷害到自己呢？

接下來，提供幾個具體有效的策略：

・先褒後貶

首先表揚對方，以此營造批評的氛圍，能讓對方在愉悅的讚揚同樣中，愉悅地接受批評。人們都有這樣的心理慣性，先聽到別人對自己的某些長處的表揚，再聽到他的批評，心理上會比較不會生出排斥。

•先貶後褒

先在個別問題上給對方嚴厲的批評，然後在主流問題上給予充分讚揚。這種方法同樣能使被批評者感動，收到與先褒後貶一樣好的效果。

•幽默調侃

「法蘭西思想之父」伏爾泰手下，曾經有一個非常懶惰的僕人。一天，伏爾泰要這僕人把鞋子拿過來，對方照做了，但鞋上面佈滿了汙泥。伏爾泰於是問道：「你怎麼不把它擦乾淨呢？」

「用不著擦吧？先生。路上都是汙泥，兩個小時以後，您的鞋子又會和現在一樣髒。」

伏爾泰沒有講話，穿上鞋，微笑著走出門去。僕人趕忙追上去說：「先生慢走！鑰匙呢？餐廳的鑰匙，我還要吃午飯呢！」

「喔，用不著吃吧？反正兩個小時以後，你又會和現在一樣餓了。」

伏爾泰巧妙地運用幽默的話語，批評了僕人的懶惰。

在批評別人的時候，使用富有哲理的故事、雙關語、生動的比喻等幽默話語，

可以舒緩對方被批評時的緊張情緒，啓發思考，甚至增進相互間的感情交流。這樣的批評方法，不但能達到教育的積極目的，同時還可以創造出輕鬆愉快的良性氣氛。

●自我批評

一個孩子不愛唸書，老是翹課，恨鐵不成鋼的母親拿起棍子就要打，旁邊的父親見狀，一邊阻止妻子，一邊對孩子說：「小時候，我和你一樣頑皮，就知道玩，不懂得讀書的重要。後來才體會到，不好好唸書，長大以後要付出更多的努力。現在不懂得把握機會，以後再後悔就晚了，你懂嗎？」

作爲長輩，這位父親勇於把自己曾經的過錯暴露在孩子面前，但他的目的又不在於做自我檢討，而在於以自己的感悟來教育孩子。借己說人，讓我們看到了融自我批評於批評中的魅力和力量。

批評要講究方法，如果只是無意義的謾罵與指責，問題永遠無法解決，反而還會影響自己的人際關係。

說話繞個彎，更討人喜歡

話中有話，是高明的待人處世方式之一，學會將說出的話繞個彎，才不至於衝撞別人，更能討得他人的喜歡。

待人處世時應該坦誠，不說假話，但在人際交往中，有些話卻不可以直接說出口，否則很容易傷人傷己。

東方社會與西方社會不同，人的行為模式比較特殊，最明顯的一點，就是「意在言外」了。嘴上說喜歡與人直來直往，內心卻往往不眞正喜歡。

提出某種要求，聽見對方回答「不」，未必眞的代表拒絕，很可能只是礙於面子，需要藉拒絕表示客氣、客套、禮貌。此時只要不死心地再提一次，對方可能就同意了。同樣的，人家說「好」，也不一定就表示眞心同意，或許只是不願當面給

你難堪。

要想獲得成功，學會說話辦事，就必須懂得察言觀色，善加分辨，認清並巧妙地運用「眞心」與「客套」。

說話時，最好聰明地拐個彎，千萬不要信口直說。每個人都有自尊，需要面子，直來直往容易傷別人的自尊，使人心中不愉快，導致造成雙方關係破裂，甚至反目成仇。

朱元璋稱帝後，要冊封百官，但看完名冊，心裡犯起了愁。功臣有數，但親朋不少。要封，無功受祿，恐怕群臣不服；不封的話，面子上過不去。

軍師劉伯溫看出了皇帝的難處，但不敢直諫，一來怕得罪皇親國戚，惹來麻煩；二來怕朱元璋無法接受，落下罪名。不過，這畢竟是國家大事，不能視而不見，於是他想出了一個辦法。

他畫了一幅人頭像，人頭上長著好幾束亂髮，每束髮上都頂著一頂烏紗帽，獻給了朱元璋。

朱元璋接過畫，細品其味，忽然哈哈大笑道：「軍師畫中有話，乃苦口良藥。真可謂人不可無師，無師則愚；國不可無賢，無賢則衰！」

原來，劉伯溫畫中的意思，是「官（冠）多法（髮）亂」。此舉，不但不傷朱元璋的面子，沒有觸犯龍顏，還道出了諫言：官多法必亂，法亂國必傾，國傾君必亡。

話中有話，柔中有剛，是高明的待人處世方式之一，使聽話的人懂得弦外之音，達到預期目的。學會將說出的話繞個彎，如此才不至於衝撞別人，更能討得他人的喜歡。

某甲是一家公司的中級職員，卻一直升不了職。和他同年齡、同時進公司的同事，不是外調獨當一面，就是成了他的頂頭上司。另外，雖然大家都稱讚他人很好，他的朋友卻不多，不但下了班沒有「應酬」，在公司裡也常獨來獨往，不大受歡迎。

歸根究柢，某甲的能力並不差，也有相當好的觀察、分析能力，問題在於他說

話太直接，總是不加修飾，因而直接或間接地破壞自己的人際關係。

其實，「直話直說」是一種很可愛、很值得珍惜的特質，也唯有這種人，讓是非、眞僞，以及人的優缺點得以分明。只是也不可否認，在現實社會裡，「直話直說」有可能是人的致命傷。

「直話直說」是一把傷人又傷己的雙面利刃，有這種性格的人應當深思，並且建立新觀念，在待人處世方面，儘量減少直言指陳他人處事的不當，或糾正他人性格上的弱點。

「直話直說」往往無法產生太大的效用，因爲每個人都有一個內心堡壘，「自我」縮藏在裡面，「直話直說」正好把他的堡壘攻破，硬要把他從堡壘裡揪出來，他當然不會高興。說話，最聰明的是迂迴進攻，點到爲止。

婉言激勵更能展現積極意義

儘量使用溫和的態度面對你的批評對象，盡可能剔除情緒成份，學會藉由表情、態度、聲調增加批評語的積極效果，進而達到激勵目的。

批評他人時要講究技巧，不能一味譏諷、挖苦，傷害到人家的自尊心和面子，否則只會導致負面效應，無法發揮催人奮進、勸人改過的積極作用。

戰國時期，魏國吞併了中山，魏文侯便把這塊新侵佔的土地，分封給自己的兒子。事過不久，他問群臣：「我是一位怎樣的君主？」

群臣齊聲答道：「仁君。」

不料，大臣任座卻大聲地說：「您得了中山，不封給自己的弟弟，卻封給了自

己的兒子，怎麼能說是仁君呢？」

按照當時的禮儀，這樣的地方都應封賞給君主的兄弟，魏文侯這樣做，顯然不合禮儀制度。魏文侯聽了大怒，任座得罪了君主，只得急忙逃離魏國。

後來，魏文侯又問大臣翟璜同樣的問題，翟璜回答說：「您是仁君。」

魏文侯追問：「你為什麼這樣認為？」

翟璜說：「我聽說，君主寬厚，大臣就耿直。任座說話那麼坦率，這足以說明您是一位仁君。」

魏文侯聽了，又喜又羞，趕緊叫翟璜把任座請回來，並親自下堂迎接，待為上賓，將中山改封他人。

大臣任座批評魏文侯時，不注意方式，快人快語，說了刺激君主的話。兩相比較，翟璜顯然很懂得批評的藝術，寓貶於褒，表面上聽來是稱讚文侯，實際上隱含著批評，既間接地提點了不妥行爲，又沒有傷到魏文侯的尊嚴，還使他猛然醒悟。

對方有了缺點或犯了錯誤，最忌一味地橫加批評、講刺話，這種方式十分不妥當，免不了傷害對方的自尊與自信。

此時，倒不如換種語氣，換句說法，比如：「從今以後，你自己要多加注意」，或者「我想，下次你一定不會再犯這樣的錯誤了」……諸如此類。對方聽了，不僅感激你對他的信任，同時還會感受到你的真誠，更重要的是，由此下定了改正錯誤的信心與決心。

儘量使用溫和的態度面對你的批評對象，盡可能剔除情緒成份，學會藉由表情、態度、聲調增加批評語的積極效果，進而達到激勵目的。

對話是傳接球，不是躲避球

人都是以自我為中心的，根據這個基礎，你可以調整談話內容。當別人的嗜好跟你不同時，討論他們感興趣的話題，絕對更有利。

與陌生人初次見面時，往往會問及「你是哪裡人」、「你在哪裡工作」、「你是哪間學校畢業的」……等問題。

這種行爲的目的，就在尋找彼此交談的共同點。

比如，當你知道了對方的家鄉後，可以說：「哦！原來是那裡啊！那個地方我曾經去過。」這樣一來，對方心中馬上就可能產生親切感，你與他在心理上的距離將隨之縮短。

難道不是嗎？試想，當碰到自己的同鄉或校友，即便雙方不過初次見面，是不

是也會有種不一樣的親切感呢？

從事推銷工作的孟先生，每當與人交談不那麼順利時，都會巧妙地將話題轉向對方的家庭或孩子等方面。

有一次，他接待了一位表情冷淡、不苟言笑的客戶。談到一半，孟先生忽然話鋒一轉道：「令郎現在讀小學五年級了吧？」

聽到這句話，那位客戶立刻從嚴肅轉為和藹，笑著回答：「你知道得很清楚啊！那小傢伙可調皮了！」

氣氛因為這句話而改變，接下來，兩人的談話順利了很多。以孩子作為話題，孟先生成功地達成了「情感交流」。

當別人對你的話題產生興趣，並且願意參加你的談話，你就有了與他對話的機會。說話，如同玩接球遊戲，不應該是單向的。假使有人漏掉了這個球，必然會有一段難堪的時刻。

一些年輕學生常常提及，他們與情人約會過程中，不能保持生動的對話。事實上這並不難，只要提出一些使談話得以繼續進行的話題，就可以了。

人都是以自我爲中心的，根據這個基礎，你可以調整談話內容。當別人的嗜好跟你不同時，討論他們感興趣的話題，絕對更有利。

滿足自己的自尊心之前，先滿足別人的自尊心吧！

給予越多，我們就變得越理智；爲別人考慮越多，別人爲我們考慮也越多。尊重他人，自然能贏得更多的尊重。

別急著拋談話的球，先找到有心接受的人再行動吧！拋球的技術越好，參與的雙方越投入，遊戲就越有趣。

將心比心，尋求雙贏

站在對方的角度謀劃和考慮，了解他的心理需求與困難，這種將心比心的説服方法，更容易使人接受。

大多數商場上的談判都只顧己方利益，不管別人的需要和目的。其實，這反而是不高明的。

在激烈的競爭中，採用此種策略的一方往往會導致商談破裂，尤其在商談陷入僵局的情況下。

只顧自己，必然將招致相對的不友善回應。在商談中，將心比心既是己方要做到的，也可以成爲向對方發起攻擊的武器之一。

保衛了自己的尊嚴，同時也考慮對方的利益，就是所謂的將心比心。這樣的發言，讓人無法拒絕。

某布莊有位店員，營業額比其他人都高。有人好奇地問他：「你的好成績，是不是源於能言善道？」

他回答說：「不，我的成功秘訣在善於理解、體察顧客的心理。」

一天，有位顧客站在櫃檯前，對某塊布料讚不絕口。憑經驗，他判斷這位顧客想買塊布料，於是趕忙迎上前去說：「您想買這塊料子嗎？這塊料子很不錯，但您要看仔細，它的染色深淺比較不一，也因為這樣才便宜。我要是您，會寧可多花些錢，買那一塊。」

說著，他從櫃檯裡抽出一匹帶隱條的布料，在燈光下展開，又說道：「這種料子做出來的衣服更好看，美觀大方，比您剛才看的那種，每尺多二十元，做一套衣服只多五十元左右。您可以考慮一下，哪個比較划算？」

顧客見這位店員如此熱情，不僅幫自己精心挑選，而且提供十分得體的建議，自然不多猶豫，買下了他推薦的布料。

這位店員之所以能夠成功地做成這筆生意，就是因爲運用了將心比心術。站在買方的立場上精打細算，現身說法，使顧客的戒備心理、抗拒心理都大大降低，並且產生認同感。

站在對方的角度謀劃和考慮，了解他的心理需求與困難，這種將心比心的說服方法更容易使人接受，爲彼此帶來雙贏。

說服的關鍵，在於口才表現

適度的自我宣傳與推銷，輔以具緩和作用的幽默感，使一切在親切融洽氣氛中進行，是達成交易的最理想情境。

顧名思義，凡是「說服」行動，必定跟語言脫不了關係。事實也確實如此，我們可以說，說服的關鍵正在於口才表現。

• 怎樣發揮「攻心」效應

一家銷售名貴珠寶的銀樓，一早開門不久，便走進一對華僑夫婦。夫人看中了一隻相當華美的鑽石戒指，從女店員手中接過之後看了又看，顯然是愛不釋手。但當她看清標價後，便搖了搖頭，顯現出為難的樣子。

夫人說：「好是好，就是……」

女店員一聽，心下會意，馬上接口：「夫人，您真有眼光，這戒指確實漂亮，但相對的價格也高。上個月，市長夫人來到店裡，也同樣看上了它，非常喜歡，但因為價錢問題，終究是沒有買下。」

這時，那始終沉默的先生開口了：「小姐，真有這樣的事情嗎？連市長夫人都喜歡這個戒指？」

女店員當即點了點頭，只見先生考慮了一下，說：「小姐，請開發票，我要買下這個戒指。」於是，這枚放在店裡兩年始終未能售出、價格昂貴得驚人的鑽石戒指，終於順利成交。

這個例子之所以成功，訣竅正在於巧妙運用了語言的「攻心」效應，以堂堂市長夫人也未能買下的消息爲「誘餌」，激發那名華僑先生「求名」的心理慾望，達成交易。

● 進行自我宣傳與自我推銷

人們在自我誇耀時，總多少感到左右爲難，希望表現自己，讓別人賞識，同時又害怕被別人認爲自誇自大，一點不懂得謙虛。

在東方社會，長久以來的道德標準認定謙讓是美德，可隨著時代變遷，社會競爭日趨激烈，「自我推銷」顯得越來越重要。

學會適度自誇是相當重要的才能，而在進行自我誇耀時，首要就是表現幽默感，務求讓別人在笑聲中接受。

自誇並不可恥，而是一種宣傳，畢竟廣告是所有商業行爲的基礎。但是，如果採用過分或低俗的方式自我炫耀，就會招致反感。因此，自我宣傳和自我誇耀首先應具有適度的幽默感，並保持在適當程度。

例如，日本的「丸牛百貨公司」，有一句相當幽默的廣告語：「除了愛人，什麼東西都賣給你。」

●說服顧客是盈利的關鍵

不管在哪一行業，說服客人的能力都是非常重要的經營之道。以下是幾則小笑話，開懷之餘，也請你細細品味對話中的奧妙：

有位為自己身後事著想的老人，來到一家葬儀社，打算預購棺材。店主一聽，很熱心地向他介紹各種價格不同的棺材。

聽了半天之後，老人忍不住詢問店主：「請問一下，三十萬元的和兩萬元的，究竟有什麼不同？」

「不同可大了！最明顯來說，三十萬元的棺材設計比較符合人體工學，內部有足夠的空間，可以讓你的手腳充分伸展。」

另一則笑話則與生髮水相關，是這樣說的：

一名客人聽了老闆大力介紹的某種強效生髮水後，疑惑地問道：「這……真的有效嗎？」

「當然啦！我的顧客當中，甚至有人連續用了五年啊！」

也有另一種版本，面對同樣的質問，老闆如此回答：「那當然啦！不過這種藥在使用上稍微有點麻煩，就是必須要用棉花棒擦抹。那些以前用手直接沾著擦的客人，事後都抱怨連連，說雙手都長了毛，簡直跟猴子沒兩樣。」

推銷的最大忌諱，就是激怒客人，因此可說幽默感是必備「武器」。適度可信的自我宣傳與推銷，輔以具備緩和作用的幽默感，使一切在親切融洽的氣氛中進行，是達成交易的最理想情境。

將說服看作最巧妙的藝術

一個微笑，一個伸腰擺手的動作，或僅僅挪動一下位置，都足以說明對方情緒與認知的轉變。

說服，即指透過說理，使對方理解並信服，是一種十分重要的語言藝術，若是無法達成，便不可能進行資訊溝通，更別說是達到銷售、推薦的目的了。

說服的基礎，在於道理的清楚傳達，但這還不夠，因爲對方不見得能夠認同，能夠信任，因此還需要其他技巧的幫助。

簡單來講，說服行爲，實際上包括了以理服人、以情感人、以利誘人、察言觀色這四個方面。

- **以理服人**

要做到以理服人，首先自己要明理，在行動前做好充分準備。

兩大必備要件之一，首要在講清道理，有條不紊地闡述事件的理論依據。

講清道理的過程，也就等同邏輯思辨過程，哪些該先講，哪些該最後再講？哪些是重點，必須反覆不停地闡明？凡此種種，都要預先做好準備。

必備要件之二，就是例證。

舉出大量實例以證明要說服的道理，可以收到相當的效果與力量，所舉的例子當然是越現實越好，最好是發生在生活周遭的眞人眞事，如此可信度更高。

說服的語言則應簡明扼要，把道理說清楚、說透徹就可以了，千萬不要囉嗦，更不要畫蛇添足。

說服時，宜採用謙和、商量的語氣，不要擺出權威的架勢。如果可以，盡可能提些問題，或鼓勵消費者提出問題，用以加強效果。

●以情感人

說服的語言應該是充滿情感的語言。銷售系統本身是一個群體，有關群體的心理現象，自然會在對內對外的交往中表現。推銷員若能帶著自豪與自信的感情來介

紹商品，必然會感染顧客。

●以利誘人

介紹產品的優點時，應著重於價格、品質、特色、完善的售後服務等方面，進行全方位介紹，如果有同類產品，可以用比較法說明，以求更具體突顯自家產品或服務的優異。

●察言觀色

對方能否被說服，一則在於口才，另一方面還在於你能否抓住他的心理活動，有針對性地使用語言，以便使情理交替，收到雙倍效果。

如果拿捏得好，往往連持否定態度的人都能被說服。

說服開始的首要任務，在於透過肢體語言揣測對方的態度。

有一種人生來便喜形於色，很容易表現出自己的態度與情緒，因此好惡也非常明顯。也有一些人，不願意表現自己，傾向於將一切掩飾，但由於不夠自然，反而更將心內想法暴露無遺。真正能夠做到不露神色者，畢竟是極少數。

對於比較壓抑、內斂、冷淡的人，採用開門見山的方式說服，效果往往不佳，

不如先建立感情聯繫，運用自身魅力和口才，表現內心友好與誠意態度，拉近彼此之間的距離。

說服進行時，除了必須注意說話的內容，更要留心觀察神態表情的變化，一個微笑，一個伸腰擺手的動作，或僅僅挪動一下位置，都足以說明對方情緒與認知的轉變。

當然，如果對方毫無變化，甚至態度變得更壞，就要適可而止，寧願暫時不談或轉移目標，談些別的主題。

把說服當作一種藝術，把自己看成一個正在創作的藝術家，將有助於以更敏銳的感知探求對方的心理變化，從而眞正做到「見什麼人，說什麼話」。

喊出名字是關係建立的開始

讓陌生人成為朋友，以言語打動他人的兩大原則，就是記住對方的姓名，並真心付出關懷。

「人類行為雖複雜，其中卻包含一個極重要的法則，遵從這個法則行事，大概不會惹來棘手的大麻煩。甚至進一步說，如果我們遵守這個法則，便可以得到許多友誼和快樂。」

「這個永恆不滅的法則，就是『時時讓別人感覺自己的重要』。你若是能準確投合人性最深刻的渴求，就等同在對方的感情帳戶內，存入更多有利於生意成交的資本。」

以上是一位心理學家的說法，運用到商業經銷領域，重點很明確，就是「讓顧客感到自己備受重視」。

達到這個目的的方法很多，最重要是由兩個面向著手：

‧記住名字

名字所象徵的意義，不僅僅是一種代稱，喊出對方的名字，他們會感覺聆聽到世界上最悅耳的音符。

可以說，名字是構成個人身份和自尊最不可或缺的要素。人性天生的本能告訴我們，那些能夠記得自己名字的人，一定相對較重視自己。

所以，要想以言語敲開他人緊閉的心門，與很難打交道的客戶建立關係，最簡單也最有效的辦法，就是記住他們的名字。

每當和陌生人或潛在的事業夥伴進行接觸，一定要想辦法探聽出對方的名字，而且務求正確。

然後，在談話過程中，你要盡可能地讓自己一有機會就提及他的姓名，以強調對他的重視。

聰明的生意人懂得見什麼人，說什麼話，而毫無疑問，自己的「名字」是人人都愛聽的話。

發萊，一個從未受過中學教育的人，在四十六歲那年當上了美國民主黨全國委員會主席，甚且成功地幫助羅斯福登上美國總統的寶座。

他的成功秘訣是什麼呢？

出乎意料，答案竟在於「能夠叫出五萬人的名字」。

無論什麼時候，只要遇到不認識的人，他都會問清對方的全名、家裡人口、職業以及政治傾向，然後牢牢記住。

下一回再遇到那個人，即使已經過了很長一段時間，仍能拍拍對方的肩膀，問候他的妻子兒女，甚至後院栽種的花草。

做到這種地步，有那麼多選民願意追隨，也就不足爲怪了。

李小姐是一位經驗老到的業務員，剛剛接手一個地區的業務，立刻前往拜訪一位可能的客戶。

走進某企業的辦公大樓後，她直接找到總經理辦公室，非常自信地走向秘書小姐，伸手說：「您好，敝姓李，請問您是？」

秘書小姐自然不得不伸出手說：「我姓張，請問您有什麼事？」

一來一往之間，李小姐巧妙地得到了對方的名字，並在接下來的談話中不斷提及，立刻讓秘書小姐有一種受到重視的感覺，之後，再請她幫忙安排時段，引見總經理，也就容易許多，甚且順理成章了。

身爲推銷員或業務員，或者店員，和陌生人打交道之前，請千萬記住——沒有什麼比記住顧客的名字更重要。

●真誠關心

《伊索寓言》中有一句名言：「太陽的溫和炎熱，要比驕傲狂暴的北風，更容易脫去行人的外衣。」

所有經商者都必須認清，顧客絕對不是敵人，更不是討厭的傢伙，而是自己的朋友，或者更直白一點形容，就是「衣食父母」。所以，要做到的很簡單，就是把注意力從「我」轉到「您」身上，把每一個和自己交談的陌生人都當作「朋友」來關懷，竭盡所能，去體會他的喜怒哀樂，解決他的問題，滿足他的需求，說他喜歡聽的話。

只要讓對方覺得你是眞心對他好，當然會讓你得到應有回報——一筆成交的生意和眞正發自內心的感謝。

關心別人，並讓別人明確感受，必須做到：

1. 真誠自然地對他人心存感激。
2. 來到任何一個環境，都不忘向在場的每一個人打招呼。
3. 用熱誠、有精神的態度向人致意。
4. 設身處地去了解、體會對方的困難與需求。
5. 投入時間與精力，為他人多做一些事。

比如，一位孤身在外闖天下的人，常常會在假日或節慶時感覺寂寞孤單。那麼，多打幾次電話，或者請他出來參加聚會，將有如雪中送炭般及時，足以讓他銘記在心裡。

如果你聽到客戶驕傲地談起孩子在繪畫比賽中獲獎，下次見面前，不妨挑一本好的畫冊或一盒好的顏料作爲禮物餽贈，一點小小心意，將是最好的恭維。做到這種地步，還怕對方拒你於千里之外嗎？

關懷是一條雙向道，在付出的同時得到收穫。

你的誠摯關懷將會如同一股暖流，不斷灌入對方的心田，讓友誼的種子生根發芽，結出令人欣喜的果實。

讓陌生人成爲朋友，以言語打動他人的兩大原則，就是記住對方的姓名，並眞心付出關懷。

PART 5

先敞開心扉，
才能進入別人的世界

風趣幽默又不失莊重，是一個高明的說話大師必須注意的態度，道貌岸然的談話模樣會惹人厭煩，而過於輕浮的談話態度同樣會讓人反感。

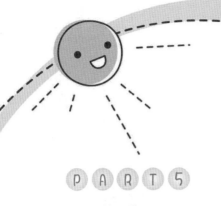

站在對方立場，就不會雞同鴨講

> 說話時，主題必須要明確，不然對方是不可能會明白你的意思的。你應該把想要訴說的事，簡單明瞭地整理出來。

人際關係作家霍夫曾說：「想要成功溝通，其實沒什麼秘訣，關鍵就在於你是否懂得站在對方的立場看問題。」

的確，懂得站在對方立場看問題，說話之時就能從對方的角度切入，彼此的溝通就不會變成雞同鴨講。懂得站在對方的立場說話，除了可以讓對方感受到你處處替他設想，不再與你針鋒相對，同時也可以讓跟你唱反調的人化解敵意，讓即將破局的事情出現轉機。

如果說，說話方式會顯現出你的人生風貌，你會相信嗎？

說話的方式、口氣、話題選擇、說話的組織能力、是否站在對方立場設想……等，這些總和都會決定人生的好與壞。這些說話之時的各種模式，經過每天不斷的累積，最後都會和你的生活方式息息相關，你每天怎麼過日子，是什麼樣的人，在大衆面前都會一目了然。

說話，其實就像畫畫一樣。對畫家來說，最基本的事就是如何構圖才能吸引人的目光，一幅優秀的畫，包括各個物件的配置、各種明暗狀態都必須協調，才能成功地突顯出主題。

說話也是如此，如何創造聆聽者的興趣、信賴與欲求，讓他們接受自己的說話模式，接受自己的觀點，是說話的一方必須勤加研究的功課。因此，如何組織話語來讓人聆聽，便是一門學問了。

你可能會說：「說話的結構？這聽起來很難、很複雜！」

其實，如何拆解這種結構，是可藉由學習去了解的。

說話的結構就和垃圾分類一樣，垃圾可大約分爲資源回收與一般垃圾，一般垃圾又可分爲可燃垃圾與不可燃垃圾、大型垃圾等，而不可燃垃圾又再細分爲玻璃類、鋁罐類……，像這樣整體與細部的關係，是一種連繫狀態。

你可以把它們當作是說話的結構，那就變成了：

1. 想要訴說的內容便是主題。
2. 支援主題的是主要論點。
3. 支援主要論點的是說明。

依此類推，當你在組織話語時，可將整體分成幾個部分，再將各個部分分成細部，而然後協調地將它們融合在一起。

說話時，主題必須要明確，不然對方是不可能會明白你的意思的。當你的話主題不明確或沒有主題時，就好像是在說：「我沒有任何意見。」或是「隨便你怎麼解釋吧。」

這樣非但無法讓對方信服，也不可能說服對方了。你應該把想要訴說的事，簡單明瞭地整理出來。

主題是否明確，和是否能以三言兩語來表達清楚有關。你不妨將自己想說的事，用二十字左右來表達看看吧！

一般人在和別人談話時，最常出現的毛病，是咬字不清與滿嘴口頭禪的問題。咬字口齒不清，對聆聽者來說是非常痛苦的事，他們必須豎起耳朵才知道對方到底在說什麼，而且必須要極度的集中精神。

可是，這種對方說話的集中力是無法持久的，通常一陣子之後，他們努力想聆聽的心情就會萎縮。

在這種情況下，他們連聽話都興趣缺缺了，更不用說要對他們傳達想法、吸引他們或說服他們了。

有些人會說：「我的聲音是天生的嘛！改也改不了！」

不過，天生的聲音也有可能變得更清晰明瞭，最重要的就是記住正確的發音，關鍵點就在下顎的開啓方式。

記住了正確的發音，再讓聲音抑揚頓挫，用腹部來發出聲音，就可以讓自己口齒清晰。如果時間允許的話，每天不妨花二十分鐘來朗讀書本或報章雜誌。

努力用口齒清晰的聲音來說話，可加強自我表現能力。

至於口頭禪，最好不要出現爲宜。雖然有人的口頭禪能表現自我的魅力，但一般來說，聽起來都是刺耳的，會分散掉對方的集中力。

想要改善說話品質，可以請親朋好友幫忙注意自己說話時有沒有口頭禪，或者是在心中強烈地提醒自己。

很多人都常會不經意地脫口說出：「對呀，對呀……」「我告訴你喔……」等等口頭禪，在無意識之中會重複說著同樣的話，會讓人聽了煩不勝煩。

總之，你必須要改掉自己的口頭禪才行。

不要讓眼睛長在頭頂上

自大的人的特徵，就是他們非常缺乏實際的行動，他們只是光憑一張嘴說得天花亂墜，卻不會真正的把話兌現。

一味堅守自己的立場只會讓溝通陷入僵局，引發各種無謂的爭執和糾紛。要讓語言這項武器發揮最高戰力，就要懂得站在對方的角度，說對方最聽得進去的話語，間接傳達自己想要傳達的意思。不尊重別人感受與立場的人，不管擁有如何高深的學識，最終只會引起別人的討厭與嫌惡，在說話辦事的時候很難達到有效溝通的目的。

說話辦事的藝術，其實就是態度上的不卑不亢。我們在論述自己意見的同時，如果能夠同時運用傾聽的技巧，表達出冷靜、理智且流露尊重對方立場的態度，無形之中就會讓彼此的交流愈來愈順暢。

大家都應該不太喜歡自大的人，所以也很難把自己真正的想法坦白告訴他們。因此，自大的人往往沒察覺到自己想法的不成熟，或知識的不足，更不用說發覺到自己缺乏學習與不明世故的一面。自大的人會覺得，我可依自己的想法去解決所有的問題。一個人如果用這種自命不凡的態度來生活，必定會在無形中遭受許多的挫折，或錯失無數可貴的學機會。

而且，當你以這種態度過活時，周圍的人都會敷衍你，包括你的親人、朋友、部屬或學生。他們不會告訴你內心真正的想法，而是在和你進行表面上的交往，只不過是你一直沒察覺而已。

每一個人都不喜歡得罪別人，所以不會有人來糾正你的自大態度。即使是上司也不想讓部屬討厭，他們寧可表面上對你說：「你表現得實在太棒了！」但心裡其實是這樣想：「這個驕傲自大的傢伙！」

自己是否很自大？若不時時認真的自我檢討反省，其實是很難發現的。接下來，就提供兩個「線索」，讓大家做自我檢視一番。首先是捫心自問：「我是否是

一匹人人敬而遠之的狼？」

自大的人，大家都會不想接近他，所以會在不知不覺中變成孤單一人。如果，已經很久沒有人邀你去他家，或是邀你一起喝個茶，你就必須開始反省這一陣子自己的言行是否過當。

自大的人的第二個特徵，就是他們非常缺乏實際的行動，他們只是光憑一張嘴說得天花亂墜，卻不會眞正的把話兌現。

例如，他們總把自己說得像日行一善的童子軍，卻從不會將筆記借給別人，不會把座位讓給老人，也不曾眞心回饋過些什麼。

那麼，要怎樣才不會變成自大的人呢？

首先是時時增廣見聞，要深刻的體認到目前自己的想法或擁有的知識，在這個知識爆炸的時代中猶如滄海一粟而已。因此，要試著去了解自己做得到的事是什麼，做不到的事是什麼。

接下來就是和能坦白說話的人交朋友。如果做不到，可以多參加類似團體諮詢的活動，或是以不記名方式做問卷，寫出希望自己可以改進的地方。也許，你會發現經常有人會這樣寫：「不要老是誇大其詞、光說不練！」

學習從別人對自己的認知當中，爲自己的說話態度與技巧找到新的定位，是一個人成長必經的路程。

有時自己認爲是正面的部分，從他人的觀點來看卻是負面的。相反的，自己認爲是負面的部分，別人可能認爲：「那個人有這種優點，爲什麼卻那麼自卑呢？」這時，過度的謙虛反而會被視作矯情的表現。

我們想要在言談方面有所成長，就必須增長正面的部分、改善負面的部分，但我們很難明確或客觀地判斷哪些是自己負面的部分，因此追求互相忠告的人際關係是很重要，如果不把別人的金玉良言放在心上的人，是不會成長的。成爲一個被忠告者，其實是值得高興的，因爲這表示責備或忠告你的人不管是家人、朋友、上司或前輩……等等，是眞正關心你的。

此外，當你被責備時，應該怎麼做才好？

首先就是要坦然地虛心道歉。倘若死不服輸或是不假思索頂撞回去的話，下次就再也不會有人指正你了。

接下來則是不要逃避責任，如果你把責任推到上司或同事身上，簡直就是犯了第二次錯誤，只會讓問題變得更加複雜、難以解決。再者是不要情緒化，因爲一旦變得情緒化就容易嚇跑身旁的人，會讓自己的世界變狹小，最後只會讓自己孤立無援。不要把衷心忠告你的人都當作看不起你或有意貶低你的敵人，這樣實在太傻了。

另外，也不要死要面子，如果你突然惱羞成怒，對方可能會丟下一句：「隨便你好了！」就棄你而去。

最後，則是要思索他爲什麼要這樣對你說？

人沒有完美的，如果對方對你說的話令你很難接受話，你可千萬別認爲他是對你有所不滿，這時千萬要先冷靜一下，他對你說的內容可能很重要，要對事不對人才是成熟的做法。

與其煩惱，不如增強說話技巧

一味地留在原地煩惱，說話技巧是永遠都不會進步的，必須勇敢地挑戰。越覺得它是自己的弱點，你就越要去試。

很多人在參加講座或研討會時，都喜歡呼朋引伴地去參加，因爲這樣心情會比較輕鬆，有值得依靠的人在身旁會讓他們有安全感。

不過，想要增強自己的說話能力，越怕生的人越要獨自參加，因爲，一旦參加，就會和初次見面的人坐在一起，這樣，就需要開口和陌生人說話，下定決心做出的第一次改變，將會改變你的人生。如果被要求要發表意見，不要畏畏縮縮，你應該欣然接受。因爲它所帶來的優點會比你預期的要來得多呢！

因爲如果有了可能會被人要求發表意見的預期心理，至少你不可能兩手空空地

來參加，這時你會事前先把資料準備好。

雖然不見得一定順利，但它至少製造了一個讓你去跨出第一步的機會，也許當場你會因爲不擅言語而吃了苦頭，而且聽衆也許會有人露出不悅的神色。但無論如何，這對你自己來說，都是一種學習的機會。

初次嘗試發言的人在面對那種不耐神色時，只要當他不存在即可，因爲這表示他的傾聽態度不好。只要將視線轉換到一個好的傾聽者身上，就不會受到傷害。你可以一直不斷練習，直到你完全熟悉；實踐是最好的導師，說話能力不經訓練是不會進步的。演講的訓練是培養內心強韌度的最好辦法。

想增進說話技巧，不安、恐懼與訓練不足所產生的壓力，以長遠的眼光來看，都是達成目標的代價。

雖然應該避開事前就已預測到的風險，但在事情順利地進行到一半時，可以試著勇敢向它挑戰。如此一來，你的人生之路可能就此多了一個拓寬的機會。

一味地留在原地煩惱，說話技巧是永遠都不會進步的，必須勇敢地挑戰。

沒有內容就什麼也說不出口，同樣的，沒有主題就不可能採取說話策略，如果

只是徒有觀念而無實際行動，實在是太糟蹋了。

關於改善言談的對應方法，首先，是不要逃避代理機會。譬如說當上司要你代替他去其他公司拜會的話，那麼機會就來了，要好好現你自己最棒的一面，絕對不要浪費機會，因爲機會不是隨時都存在的。

另外則是向自己的弱點挑戰。人類最令人驚奇的一項特性，就是將負面改變爲正面的力量。越覺得它是自己的弱點，你就越要去試，當你克服了自己的負面及弱點的時候，你會發現驚人的成長幅度。

再來則是要向優秀者挑戰，這可不是說去找他人吵架。你可以在心裡，把你尊敬的競爭對手，以及讓你成長的敵手當作自己學習的目標，並以超越目標當作人生階段中的重要任務。

先敞開心扉，才能進入別人的世界

風趣幽默又不失莊重，是一個高明的説話大師必須注意的態度，道貌岸然的談話模樣會惹人厭煩，而過於輕浮的談話態度同樣會讓人反感。

我們會在某些社交場合中，看到正當大家談得興高采烈的時候，有的人卻心不在焉地站在一邊，露出僵滯的笑容胡亂點頭，一副若有所思的模樣。

這種人其實正沉浸在個人的幻想世界，不願加入眾人話局的人，其實，他們的腦海中無時無刻不在爲自己的利益打量。他們最關心的是自己的地位和前途，總是在腦海中盤算著如何才能更快速飛黃騰達，爬到更高的位置，獲得更多的財富，過更舒適奢華的生活。

這種人對別人的生活一點也不感興趣，只是礙於禮貌，虛僞地附和著別人的話

語。對於周遭的事物，他們顯得冷漠淡然，彷彿置身於社會生活之外，心靈飄泊在某個遙遠的地方，腦海裡塞滿了自己功成名就之後的模樣。

唯一可以讓他們感興趣的，只有和他們有切身利害關係的事物。當別人談論到如何快速成功致富，他們就會馬上得興趣盎然；一聽到與自己沒有關連的事情，就顯得意興闌珊。正因爲這種人生活在自私自利、冷漠無情的自我幻想世界中，所以，總是像個戴著面具的人。

人必須敞開自己的胸懷，學會容納別人，才可能進到別人的世界，獲得別人的幫助。一個胸襟狹隘、自私自利的人，永遠都不能建立良好的人際關係。

如果你緊緊地封鎖了通往自己心靈的途徑，關閉了所有對外溝通和交流的渠道，那麼，你的人際關係就會被切斷，你和別人之間的談話，就只能是漫不經心的、馬馬虎虎的和機械單調的，不會帶有任何活力或感情。

我們可以見到，幾乎所有的成功者，成功的秘訣都在於他們能夠以生動有趣的語言，有效地表達自己思想。事實上，對他們而言，表達能力就是他最大的財富，只要一開口說話，財富就會源源而來。

美國總統林肯是一位熱情而又風趣的說話大師，不管在任何人面前，他都能表現得詼諧幽默，使人如沐春風。他說話的時候，會用生動有趣的小故事和笑話，使得人們徹底放鬆緊張的心情，所以，很多人在他面前都感到非常輕鬆自如，願意敞開心胸和他深入交談。

林肯之所以能成爲受人歡迎的說話高手，要訣在於，他懂得藉著幽默感，增強了自己談話的感染力。

但是，並不是每個人都像林肯一樣幽默風趣，如果你缺少幽默的天賦，又刻意想製造幽默效果，往往會適得其反，有時還會讓自己像個馬戲團小丑。

一個優秀的談話高手，說話的時候不能擺出一副嚴肅的表情，或者不苟言笑，也不要老是舉一些枯燥乏味的例子或說一堆雜亂的數據，因爲，枯燥乏味的例證和統計數據，只會令人心裡覺得沉悶和厭煩。

風趣幽默又不失莊重，是一個高明的說話大師必須注意的態度。因爲，道貌岸然的談話模樣會惹人厭煩，而過於輕浮的談話態度同樣會讓人反感。

因此，要想成爲一個優秀的談話大師，態度必須自然而不造作，風趣而不輕浮，既不惺惺作態，也不故意賣弄自己的才華。

你必須感覺到自己充滿樂於與人交往的熱誠，找出別人感興趣的話題，如此才能打動對方的內心，牢牢地抓住他們的注意力。如果你表現出一副冷漠、拒人於千里之外的模樣，根本無法獲得別人的共鳴。

想要使交談的對象靠近你，就必須開啟自己的心靈，並且以最自然的說話方式和對方交流。你必須先敞開心扉，別人才會以相同的態度回應，如此一來，你才能進入他的內心世界。

無論你擁有多高的天賦，受過多高深的教育，穿著多麼光鮮亮麗，擁有多龐大的財產，如果無法用優美而恰當的語言來表達自己的思想，你的人生注定乏善可陳。

表現突出就會受人歡迎

不做好自己本分的事，只是一味地希望自己能夠處處受人歡迎，而一天到晚都在思考交際的方法，這麼做實在是本末倒置。

有些人本性善良，卻由於不擅將自己的心意傳達給對方，因此常常吃虧。這些人爲什麼不擅於表達心意呢？

這是因爲當他們在說話、做事的時候，常常太過在意別人的想法，最後什麼話都不敢說、什麼事都不敢做，因而被人批評是個「神秘」的人。

大家都害怕萬一做了不該做的事，別人會投以異樣眼光，因而在憂讒畏譏之下，阻礙了一個人自由的情緒表現。

「如果別人認爲我不好，那就像世界末日了。」「被別人放棄了，我一個人就

沒辦法活。」會有這種想法的人，都是不擅交際的人，他們往往會無可救藥地認爲自己十分渺小、不起眼。

因此，這樣的人如果想要巧妙地透過說話的藝術和人交往，就要自己想辦法從恐懼的陰影中走出來。

方法很簡單，只要你能改變自己的想法，看清事實。

你應該進行心理建設，要告訴自己：即使像耶穌基督或佛陀這樣偉大的人，也不見得能受到每個人的喜愛。

大家都希望能被人喜愛、工作有好的發展，也想要賺很多的錢，以免被人瞧不起，但要記住，不可以太過偏執，因爲我們並不是只爲了受人喜愛而活在這世界上的，而是爲了創造一些成就而活。

在工作上，最棒的事就是受人肯定了。因此，即使只有少數人喜歡你，但只要工作上表現突出，一定會有人主動接近你的。

相反的，無論你的交際手腕再怎麼好，話說得再漂亮，若工作方面表現得很差，別人就只會把你當作閒聊的對象而已。

不做好自己本分的事，只是一味地希望自己能夠處處受人歡迎，而一天到晚都在思考交際的方法，這麼做實在是本末倒置。

A先生和B先生都是業務員，但是由於和顧客交談之時，運用肢體語言的巧妙不同，業績也有明顯差別。

A先生在對方一開始說話或問問題時，都會努力去理解對方，表現出自己的誠意，而且會適時地點頭。

但在重要關頭時，他會收起笑嘻嘻的表情，以認眞的眼神凝視對方，將熱情與表情表現在肢體上，譬如時而探出身子、時而加強語氣地來讓對方更了解他的商品，然後再度恢復原來和顏悅色的樣子。

另一方面，B先生則是面無表情地說著話。

他認爲不展露內心世界，對於談生意會比較有利，所以當對方在說話或問問題時，都保持著一張撲克牌臉，而且也不會點頭表示理解對方的意思。該發揮說服力的時候，他一樣沒有加強語氣、也沒有探出身子，客戶不能了解他在想什麼，也懷疑他是不是眞的來賣商品的。

這兩位業務員，哪一位的業績會比較好呢？

相信不用說你也知道，答案當然是A先生。

這個例子說明了表情與反應的不同，會造成兩極化的結果。

A先生的表情與態度非常豐富，他的和藹與認眞的眼神、誠懇的態度、熱情的語調等，充滿了交談之時應有的變化，而且他會巧妙地贊同對方的話，迅速地反應，以此來打動對方的心。所以，要給人信賴感，都必須將你的想法、行動的模式明朗化。

對於不表現出眞心的人，我們都會感到不安。

你會花錢向你感到不安的人買東西嗎？應該不會吧！

很多人買東西，其實是在買「感覺」或者是「人情」，而且通常向那種能給你信賴感的人買。

沒表情、沒反應，都會帶給對方不安的感覺，很難完成交易，這一點請不要忘記喔。

別急於突顯自己

用溫柔的言詞對待你身邊的人，用心的做好你手邊的事，如此一來要讓別人都不注意到你也是很難的事。

保持洽當的應對進退，有時候也是說話辦事之時應該注意的社交禮儀。不管在日常生活或是工作場合，千萬不要只想到突顯自己而不考慮別人，這是維持良好人際關係最重要的準則。

只要我們的行爲得體，我們就能讓別人喜歡我們。

有的人擅於突顯自己讓別人印象深刻，有的則不太擅長。

或許有人每年都會寄賀卡給你，但你卻無法確定他到底是哪一位。雖然從字裡行間，可以看出你應該曾經和對方很熟悉，但是，卻怎樣也回想不起他是誰、有什麼特色，也不好意思回信詢問他是誰，只好直接回寄一張賀卡，感謝他的問候和祝福。

有的人雖然久久才會寄一次賀卡給你，但他在你的記憶裡，卻如同昨日一般鮮明。如果有工作要託付，你腦中閃過的第一人選就是他。

每個人都會有想突顯自己讓別人印象深刻的慾望，但表現的方法卻各有不同，你用對方法了嗎？你是不擅突顯自己的人嗎？

不擅於突顯自己的人，大致可分爲以下類型：

第一種人是不會設身處地替他人著想，總以自我為中心的人。

他們可能會攔住急忙前往另一處的人，不管對方的時間是否許可，就拼命地說著自己的事；或是一廂情願地認爲對方絕對是記得自己的，就興高采烈的向對方報告自己的近況……等等。

也許他們的態度表面上是和善，但這樣的人，是不會讓人留下好印象。

第二種人是強迫型的。他們總是不顧他人想法，拼命地想表現自己。

例如，在集體面試時，自己只是一個勁地說話，完全不給其他人發言的機會，完全沒有警覺到這是一種強迫性的態度，根本稱不上是積極或是主動。這種人其實大多是因爲他們的不安全感，讓他們以爲如果表現得不比人更顯眼，就無法生存下去。

你如果有「雖然被人家認同是再好也不過了，但不被認同，並不代表前途就此暗淡無光」、「不能因爲不被他們認同，就認定自己不被全世界的人認同」的想法話，就不會以強迫性的態度去突顯自己。

第三種類型是先發制人的人，他們會將競爭心理帶到職場或社交場合上，因而很容易引發夥伴的嫉妒心。

多數的上司會對於言談之間崇拜自己的部屬或後進，有特別寵愛的傾向，這是由於每個人多少都有些自戀成分，因此倘若部屬或後進以此佈下戰略，便容易讓他們上勾，贏得他們的偏愛。

由以上所舉的三種典型可知，在這世上充滿那種寧可帶給別人不愉快、也要突顯自己的人。要如何才能避免讓自己成爲這種人呢？

首先是，說話辦事之時要考量到別人的心情，有爲他人服務的精神。比如說，

當同事因爲小孩要準備考試而操心，你可以將自己小孩推薦的優良參考書送他；聽聞晚輩的妻子生病了，你可以介紹醫院給他，表示你的關心。

不過，要這樣做之前，你自己本身的問題必須先得到解決。如果自己的問題都沒解決，就一味地服務他人，可能就會被批評爲多管閒事了。

再者則是爲了自己所屬的團體，去發掘每個可能發生的問題，並且透過言詞提出可行的解決方法。例如，要舉辦尾牙時，你就可以表現出你的細心：「從公司帶一瓶酒過去怎麼樣？」「可以叫某某人一起來呀！」等等，爲了讓你所屬的團體感覺是融洽的，你必須要感覺敏銳，並且盡可能地照顧到每個人。

接下來，是要在說話之時適度地撒點嬌。

所謂適度，就是至少不要給人感覺太厚臉皮。

譬如，你可以說：「可不可教教我那個？」「我離開一下，如果有電話，幫我接一下好不好？」

這樣受託的人會因爲認爲自己受到信賴，被上司或前輩認可而感到開心，更樂於辦好你交代的事。一般而言，擅於突顯自己的人，也是擅於撒嬌的人。

最後就是在自己可以容許的範圍內，扛下別人討厭的工作。像是假日上班、開車接送、打掃、收拾爛攤子、處理客戶申訴案件……等等。

當然，這世上還是有人會完全不想突顯自己，寧願做個沒沒無聞的平凡人。千萬不要因爲這樣就認爲自己是低層次的人，因爲比起什麼事都不想努力去做，而只想被人家認同、只想突顯自己的懶惰蟲，你絕對要比他們高出許多。

總之，千萬別急著突顯自己，而是用溫柔的言詞對待你身邊的人，用心做好你手邊的事，如此一來要讓別人都不注意到你，也是很難的事。而強迫別人的眼睛看著你，只會讓你幼稚又無能的形象，深刻的烙印在人們的心中。

訓練幽默感的五大重點

笑容會讓人開心，即使你自己很沮喪，只要試著露出笑容，心情就會開朗起來，這是幽默的最基本條件。

很多不善言詞的人一聽到幽默的話語，心裡不禁會想：「如果我也能講出那麼好笑的話就好了！」

所以，就有許多本來沒什麼幽默感的人，爲了讓聆聽者發笑，故作幽默地說一些低級無趣的葷笑話，或是讓別人笑不出來的冷笑話，有時候反而會惹來大家的不悅，或是破壞了當時的氣氛。

其實，眞正的幽默感，是自然地醞釀出來的東西，唯有自然流露的幽默感，才有可能讓聆聽者的心靈緩和下來，彼此充分溝通。所以，想要言談幽默，首先就先期許自己做個幽默的人吧！

那麼怎樣才能成爲一個幽默的人呢？

具體來說，大略可分爲以下五種方法：

1.將自己心中的「完美主義」趕出去。

對凡事都要求完美的人，不太可能具有幽默感的。因爲如果沒有一定程度的包容，幽默感是不會產生的。

人生難免有失敗，失敗有時會讓人生更精采，如果你自己都無法認同失敗的存在，就無法成爲具幽默感的人了。

2.凡事要有開朗樂觀的想法。

人類有的樂觀、有的悲觀，如果你是屬於悲觀的人，不妨想想，悲觀幾乎不會改變事實。如此一來，還有什麼好悲觀的呢？

人要擁有樂觀的想法，想法樂觀的人會比較開朗，也比較有彈性，也已經具備了醞釀出幽默感的特質了。

3.不要將失敗的經驗累積在心中。

每個人在做一件事時，一定都希望成功，可是難免還是有失敗的情況。

一般人不可能期盼失敗降臨，然後將那些失敗的經驗放在心中，再去跟人家分享的。可是，從逆向思考的角度而言，你將你的失敗經驗告訴別人，如果不是什麼太嚴重的失敗，他們絕對會開懷大笑的。

因爲，我們都喜歡別人的失敗經驗，但是自己經歷了一模一樣的失敗，卻無法主動開口。

因此，這些失敗的經驗如果由你自己說出來，別人就會覺得你是個懂得自我解嘲，有幽默感的人。

4.消滅負面的妄想情結。

如果不加以約束，大多數人的心裡會慢慢浮現妄想的情結。這種妄想並不會帶來任何利益，只會讓心情更灰暗，這樣就不會產生出幽默感了。

一旦你產生了妄想，不妨提醒自己去消滅它。

5.表情很重要，不要忘記笑容。

笑容會讓人開心，即使你自己很沮喪，只要試著露出笑容，心情就會逐漸開朗

起來，心情開朗是幽默的最基本條件，不要忘記要隨時保持笑容。

無意間說出的一句話，可能會讓你的人生變好或變壞，短短的一句話，也會讓一個人幸或不幸。你在和人說話時，是否都曾意識到每句話的重要性呢？

就因爲不是每個人都經得起開玩笑，所以，想要成爲一個幽默的人，不要開別人玩笑，而應該試著對自己開點玩笑。

像是故意提到自己的弱點或自卑的地方，說一些誇張的話或俏皮的話，時而說出帶點諷刺的話……等等。

你可以經常找機會練習，想要說出具有幽默感的話，你自己就必須先成爲具幽默感的人才行喔！

如何向上司表達自己的意見

上司也是人，每個人都想要對方認同自己，所以即使他做了錯誤的判斷，也要表示認同他的人格及立場。

思想家賀拉斯說：「懷著輕蔑對方的心理，就會使你的話語充滿怒氣，不僅會傷害別人，也會傷害自己。」

試想，如果說話不分對象，對待什麼人都用充滿蔑視或憤怒方式，那麼勢必會爲自己招來禍端，也無法和別人好好地溝通。

就算這樣的人有著滿腹經綸，最後也會遭到上司冷凍或是解僱，最後淪爲只會成天發牢騷的社會邊緣人。

如何對上司表達自己的意見、卻不會讓上司沒面子的方法是很重要的。

相信很多人都會有過在無意間頂撞上司、讓上司惱羞成怒的經驗吧！

當上司對你說：「已經好幾天了，你也該做出個結論了吧？」

如果這時你卻回答：「這怎麼可能辦得到嘛！你看一下我們目前的現狀，應該馬上就知道不可能啊。」

也許當時的你還不夠圓融，所以才會依自己的情緒、說出完全不爲對方著想的話。試想，此時的上司會有怎樣的心情呢？

部屬的口氣如此無禮，對上司而言可是一大屈辱，因此他們會運用自己職務上的權力去暗整你，甚至還會威脅你，並且可能在往後的日子裡，也會用盡各種方法來挑你毛病，對你施壓。

像這種對待上司，並不會得到自己想像中的效果，反而會激怒上司，招致和自己預期完全相反的結果。

那麼怎麼說才能提高效果呢？

其實，上司也是人，每個人都想要對方認同自己，所以即使他做了錯誤的判斷，也要表示認同他的人格及立場，這是最基本的態度，而且要以請對方聆聽自己想法的心情來應對才是。

你可以這麼說：「聽了課長的意見，我覺得很新鮮，原來還可以有那種想法。可是關於那個案子，我是這麼想的……您覺得如何呢？我很想聽聽課長的意見。」

這樣的說話方式，就不會讓上司覺得毫無面子，而且還能使他委婉地提出不同的想法和參考意見。

如果上司不容易流於情緒化，會冷靜地聆聽他人的意見，便能反省自己的言行和決策是否有錯誤。

如果這時的你能再來尋求他的建議時，就能讓上司更明顯地察覺到自己的錯誤，並得到修正與改善。

沉默是最好的反抗

必要時的沉默能製造懸念，為自己的反擊留下更多的空間，正如縮回來的手，一旦握緊拳頭打出去將更加有力一樣。

在談判或辯論中，有時候需要針鋒相對，有時候需要巧施「激將法」，有時候則需要保持緘默，以沉默的態度來迴避問題或是回敬對方。

用沉默這種無言的回敬方式，有時確實能震懾住對方，使對方感到心虛膽怯，不戰自敗，可說是一個相當不錯的談判方法。下面舉一個例子加以說明：

在某國的記者招待會，一位外國記者故意問：「請問貴國是否有雛妓問題？」主持招待會的代表說：「有！」沉默數秒後，又說：「過去曾有！」

可想而知，當第一個「有」字剛出口時，會引起多麼大的震撼，這樣的回答，肯定讓所有在場人士瞠目結舌。然而，經過幾秒鐘的沉默，最後那句話說出口時，人們才在沉默的驚疑中回過神來。

這幾秒鐘的沉默，使所有人都感覺到該國過去與現在的鮮明對比，因而產生出強烈的感染力量。

從這一實例可以瞭解到，有時候沉默並不代表語塞，抑或是語言溝通上突然出現阻礙，反而是一種非常高超的語言表達手段。如果運用恰當，它的效果會出人意料之外的神奇。以下這則例子也能證明這點：

二十世紀四〇年代中期，英、美、蘇三國首腦在波茨坦舉行會議。會間，美國總統杜魯門對史達林說：「美國已研製出一種威力非常大的炸彈。」

這句話的用意在於暗示美國已經擁有原子彈。杜魯門之所以這麼說，是想試探一下史達林對此的態度。

在杜魯門講話的時候，英國首相邱吉爾兩眼直盯著史達林的臉，觀察他的反應。史達林像是故意裝聾作啞，臉上依舊毫無表情，並保持沉默。

後來，不少與會人士回憶當時的情況，都說：「史達林好像有點耳背，根本沒聽清楚杜魯門的話。」

但事實是如何呢？其實，史達林不僅聽清楚了這句話，並且聽出了這句話的真正含義。會後，他對莫洛托夫說：「我們應該加快工作進度。」

史達林爲什麼刻意裝聾作啞？因爲在那種特殊情況下，任何方式的語言表達，都不如沉默來得有效。

請謹記：沉默就是最好的反抗。必要時的沉默能製造懸念，爲自己的反擊留下更多的空間，正如縮回來的手，一旦握緊拳頭打出去將更加有力一樣。因此，在談判的過程中善用「沉默的反擊」，將能爲你帶來極大的利益。

PART 6

把你的心意傳到對方的心坎裡

只要方法得當，「謝謝」必定能夠將你的心意傳進對方的心坎裡，給予莫大的心理滿足，進而轉化為對你的親近感和善意。

談吐優雅，人緣必佳

有口才且具說服力的人，可以把話說到聆聽者的心坎裡去，為自己創造出融洽的環境，一片任由馳騁的廣闊天空。

語言，是人類的重大財富，是不可或缺的交流工具。如果你不善於使用這種工具、不懂得應該如何交流，那麼語言的價值，就會大打折扣。良好的談吐，首先要能夠吸引住別人，讓別人耳目一新，爲成功說服打下堅實的基礎。

語言的迷人之處，不僅在於它是一種交流的工具，還在於它本身就能帶來快感，所以人們對絕妙言語的崇拜，古今皆然。把握住這種財富，運用它駕馭你的談吐，便能爲你帶來快樂和機會。

一個人在談吐方面的缺陷，可能導致人際關係的破裂，或者砸掉一筆生意，丟掉手中的飯碗。日常生活中，因爲語言摩擦而導致的戀人分手、夫妻離異、兄弟反目，更是屢見不鮮。

在上位者，常常以一個人的談吐爲重要標準，決定是否聘任。同樣的，在下位者也會根據一個人的談吐下判斷，決定是否擁戴此人爲領導者。由此可見，一個人的談吐，足以影響旁人對他的看法。

即使一個人的思想像星星一樣閃閃發光，即使他在公司經營過程中出的主意十分精明，即使他的頭腦裡充滿了藝術、體育、航空、地理、音樂和電腦……等方面的淵博知識，仍無法保證他能免於遭受語言障礙的困擾。除非他能成功引起旁人的注意，文雅親切地與人交談、溝通，否則，沒有人會願意聽他說完自己的高明見解。

對於渴望在職場或商業領域獲得成功的人，有三點非常重要：談話時的「自信」、「準確」，以及「具說服力」。

商業界人士首先要推銷的就是自己。從第一項工作會談，到作爲成功者發表演講，漫長的征途中，必須不斷地說服別人。

如果你打算經商，那麼你的談吐與形象，包括容貌、聲音，就可能是決定成敗的關鍵。運用語言準確地表現自我、說服別人，至爲重要。

準確地運用語言表現自我，就是人們常說的口才。善於說服他人，則是口才表現的最高形式。

有才幹並有說服他人能力的人，成功的希望將會更大，因爲他的才幹可以透過言語談吐，充分表露出來，使對方產生更進一步的了解，並且生出信任、認可，從而願意委以重任。

有口才且具說服力的人，人生必定豐富多彩，可以憑藉駕馭語言的能力，把話說到聆聽者的心坎裡去，爲自己創造出融洽的環境，一片可任由馳騁的廣闊天空。

透過禮儀，增添語言的魅力

合宜的談話態度，更添交談魅力。想要把話說得更動聽，說到聆聽者的心坎裡去，務必從好風度、好禮儀培養起。

作爲一種社會性動物，親切自然的交談，可以爲個人或組織營造出良好、友善的環境，打穩人際關係網。因此，我們應該注意交談的禮儀。

交談的禮儀，包括交談的語言和舉止兩方面：

•交談的語言

交談過程中，令人感到愉快的對手之所以一向很少，主要是因爲每個人想的都是自己要說什麼，很少考慮別人說了什麼。

如果你希望別人聽你說話，首先就應當傾聽別人說的話。讓與你談話的人也擁有說話的自由，哪怕他們說的只是些沒有營養的小事。

不要任意地反駁或打斷，並且應當表現出一定程度的投入，顯示正在專注聆聽。此外，還要不時回應些相關的事情，讚揚他們說的那些值得讚揚的內容，讓他們知道，你的態度與言語絕非虛假的奉承。

用熱情、大方、誠實的語言與人進行交談，不要用過於華麗的詞藻和脫離實際的話來恭維。唯有本著誠懇坦率的態度說話，才能使人感到親切自然，讓對方易於接受。

敘述事情要條理清楚，有聲有色，情眞意切，使語言富有邏輯性、感染性和啓發性，以確保得到正面的效果。

另外，應注意避免談及可能使人感到不愉快的事情，例如生老病死，或者涉及收入、履歷、家庭等私生活的種種。對於對方不願回答的問題，不可一味追問，若察覺有反感情緒產生，應立即轉移話題，以表示充分尊重。

交談時的聲音不應太大，女性宜低沉柔和，男性宜平穩，並保持節奏感。

避免在無關緊要的事情上爭論不休，儘量少提毫無意義的問題。永遠不要讓人

覺得你自以爲更有理，應該把做判斷的優先權讓出去。

交談之初，應根據談話對象的脾氣和喜好，先說一些容易溝通、不那麼嚴肅的事情。別急於得到他人的贊同，更別急著得到回答。首先滿足別人，接下來再談論自己，表達過程中，儘量要求自己不先入爲主，不固執偏激，並以聽話者的想法來審視所有意見。

與其花費過長的時間談論自己，不如把這份力氣省下來，用在了解對方的愛好上。對他的想法加以補充，還要盡可能使他相信，這些想法是從他身上得來。同時，巧妙地不把談及的話題說盡，留給別人一些思考的空間。

永遠不要用權威的態度說話，也不要用誇張的語言和詞句。可以保留自己的意見，如果這些意見確實有道理。談話中，別輕易用言語傷害他人的感情，也不要擺出被冒犯了的表情。

總之，極力使自己成爲談話的主宰者，就與過度談論同一件事情一樣，都是危險的。不露痕跡地引導對方，不知不覺間將談話方向轉入眼前出現的、令人愉快的話題，這才是聰明的。

必須注意的是，所有類型的談話，無論多麼嚴肅莊重，或是多麼詼諧幽默，都不可能適合於所有人。所以，你應該選擇適合大部分人談話的內容，甚至選擇交談的時間。

●交談的舉止

語言並不是交談的全部，談話者的目光、手勢、姿態等無聲語言，往往也傳達著某種資訊。

交談的目光應是互相正視，雙方目光應在同一水平線上。居高臨下並不合適，容易造成對方心理上的不平等感覺。

談話時，目光既不該緊緊盯住對方，也不應該在對方身上上下打量，這種「觀察獵物」的眼神，會使人窘迫不安。

兩個人面對面交談的時候，目光應控制在對方的嘴角、額頭和臉頰兩側的範圍內，而且應採用注視、凝視等方式。斜視、盯視則應避免，兩者都是比較消極的目光語言。

交談的手勢也是一種輔助工具，適當地做一些手勢，可以增加語言效果，但不

宜過度，否則會給人一種比手畫腳、不穩重的感覺。切記，不可用手直指別人的臉，這樣極不禮貌。

與人交談過程中，一邊說話一邊搔頭皮、掏耳朵、挖鼻屎，會顯得非常沒有修養，絕對是大忌。雙手無所適從，玩弄衣角、壓指節等，雖然不那麼讓人討厭，但也會分散聽者的注意力，必須避免。

合宜的談話態度，更添交談魅力。若想要把話說得更動聽，說到聆聽者的心坎裡去，務必從好風度、好禮儀培養起。

把你的心意傳到對方的心坎裡

只要方法得當，「謝謝」必定能夠將你的心意傳進對方的心坎裡，給予莫大的心理滿足，進而轉化為對你的親近感和善意。

「謝謝」是這個世界上最神奇的一個詞，不僅是禮貌用語，也可以成爲溝通的橋樑，乍聽似乎極爲普通，但只要運用恰當，可以產生無窮魅力。

向他人道謝，需要勇氣、眞誠和努力，是複雜而微妙的感情過程。恰到好處的「謝謝」，可以給人莫大的滿足，得到他人的好意、恩惠，回報以眞誠的感謝，是交際禮節的最基本要求。

概括地說，感謝有四種功能：

• 表達自我情感

人們接受別人的善意言行之後，一般都會產生感激之情，情動於心，發乎言辭。道一聲「謝謝」，通常這就是情感的自然流露。

・顯示禮儀規範

在現代社會中，感謝別人的好意、幫助，是一種社會的規範，更是文明的象徵之一。懂得說謝謝的人才是有涵養、有風度的人。

・強化對方的好感

人際交往是一個互動的過程，一方的善意行爲必然會引起另一方的「酬謝」，而這種「酬謝」又將進一步使雙方都對彼此產生好感，發出新的善意行爲，讓人際關係進一步融洽。

・調節雙方距離

任何一種人際交往，都在交際雙方的心理距離中進行。抓準適當的心理距離，是使人際關係成功的必要條件。

一般情況下，感謝有拉近距離的作用。但若運用的時機、對象不當，也可能產生拉大雙方距離的負面影響。

人際交往中，「謝謝」並非在任何場合都可以濫用。妥善運用「謝謝」，首先應注意以下幾點：

第一，不要說得過多，否則容易破壞氣氛。

第二，道謝要適度，掌握一定的分寸。當別人替你做了一件事情，也許只是舉手之勞，你若過分道謝，聽的人反而渾身不自在，難以受用。

第三，說「謝謝」的時候，聲音要眞誠。用冰冷平淡的語調道謝，會讓人覺得你的感謝言不由衷，像例行公事一樣。充滿誠意，發自內心，對方才不會認定爲應酬的客套話。

第四，說「謝謝」的時候，一定要注意場合。與對方單獨在一起時，對他表示感謝，一般會有好的效果，如果面對的是一群人，就不要單獨挑出一個人進行感謝，否則有可能冷落別人，造成不愉快。

同時，最好有明確的稱呼，透過稱呼被感謝者的名字，可以使道謝更明確。如果需要感謝好幾個人，最好一一點出來，在每個人心裡引起共鳴。

第五，說「謝謝」的時候，要針對交際對象的不同心理需求。不同的人，各自的心理需求都不同。有人希望你對他的言行本身表示感謝，有的人希望你對他的言行動機或達成的效果進行感謝，有的人則希望你對他這個人進行感謝。如果可以，應該盡滿足這種心理需求。

第六，說「謝謝」的時候，要針對交往對象的不同身份特點。比如，老年人自信自己的經驗對年輕人有一定的作用，因此，年輕人表示感謝時，應指出對方言行產生的結果，「謝謝您，您的這番話使我明白了許多道理……」，這會使老年人感到滿足，認爲「孺子可教也」。

女性常以心地善良、體貼別人爲自己獨特的人格魅力，男性感謝她們時，說「妳眞好」就比「謝謝妳」還要好一些；說「幸虧妳幫我想到了這點」就比「妳能想到這點，眞不容易」要好。

說「謝謝」時要認眞、自然，不要含糊地咕嚕一聲，更不要怕別人知道，感覺不好意思。說「謝謝」時要有一定的體態，頭部輕輕點一點，目光注視著你要感謝的人，而且要伴隨著眞摯的微笑，這樣在對方心裡引起的迴響會更強烈。並且，要及時注意對方的反應，若是對此感到茫然，要用簡潔的語言向他道出致謝的原因，使道謝達到目的。

道謝是爲了表達感激之情，如果使對方因此窘迫，便違背了本意。因此，必須考慮時間、地點和對方的特點。

如果對方不希望局外人知道自己幫了你，你就應尊重對方的意願。恰巧在大庭廣衆下遇見對方，則含蓄地表示謝意，或者小聲地耳語，甚至可藉握手之機，用熱情有力的動作，加上含笑的眼神來表示。也可以等離開人群後，另找個合適處再坦誠道謝。

人際交往中，一定要善用「謝謝」這個禮貌用語，只要方法得當，必定能夠將你的心意傳進對方的心坎裡，給予莫大的心理滿足，進而轉化爲對你的更多的親近感和善意。

成功收尾讓談話印象完美

駕馭情境，正確審視對象，選擇正確、得體的話語，不僅交談可以結束得非常得體，還有引人回味的效果。

交談時，說好開頭的第一句話固然重要，但也不能忽視告別語的作用。如果將開頭的第一句話比喻為一杯提神的咖啡，結束語則該是一曲「餘音繞樑」的優美樂曲，讓人回味。結束交談時，老是說「再見」之類的告別語顯得千篇一律，太過於空泛，不妨運用一些能給對方留下深刻印象的告別語。

一般來說，正式交談後，通常有以下幾種收尾方法：

- **關照式收尾**

當交談雙方說完了自己的想法、意見，或流露了某些內心意向，覺得談話中有些話語或問題不宜再讓第三者知道，便可運用這種收尾法，關照對方不要張揚出去。

譬如：「剛才我講的話是一些不成熟的看法，我覺得不必讓他人知道，請你不要傳出去，以免引起不必要的麻煩。」

採用關照式收尾，有提醒對方注意、防患未然和強調重點的作用，能使對方更了解你的意思。

●徵詢式收尾

交談完畢，根據自己的目的與相談後的吻合情況，向對方徵求意見、說明、要求或建設性忠告、勸誡，就是徵詢式收尾。

譬如：「李先生，隨著我們接觸的增多和了解的深入，你一定察覺出我有許多缺點。你覺得我最糟糕的問題是什麼？很盼望你下次能提出來。」

與陌生下屬的交談結束時，你應該說：「還有任何要求和意見嗎？」或問：「生活上還有困難和要求嗎？不妨提出來，我會盡力謀求解決……」

相對的，作爲下屬，也應該同樣徵詢上司：「除了工作，您對我還有其他意見和看法嗎？希望您能提出來……」

在交談藝術中，運用徵詢式收尾，往往給人以謙遜大度、仔細周到和穩重老成的印象。對方聽了，自然感到心情愉悅，並生出親切感，雙方關係必將因此更爲融洽，有利於各方面進展。

● 道謝式收尾

道謝式收尾具有較強的禮節性，基本特徵是透過一些「客氣話」，作爲交談的結束和告別。

道謝適用的場景和對象最爲廣泛，無論面對的是上下級、同事、親朋還是熟人、鄰居以及初次認識的人，都很適宜。

例如，你參與了一場學術性會談，便可以在活動結束前後，對主講人說：「謝謝您！聽您一席話，使我獲益良多。」

● 祝願式收尾

這種收尾方式，不僅具有較強的禮貌性，而且還具有極大的鼓動力。如果再加上適當的口語修辭，效果將非常顯著。

「再見，路上保重。祝你一帆風順！」這就是標準的祝願式收尾。

• 歸納式收尾

歸納式收尾，可以運用於陌生人之間的交談，也可用於同事、親朋間的工作性交談。

譬如，一位組長對另一位組員說：「小陳，我今天找你講的，主要是兩個問題，一是對於新形勢下出現的一些困難，如何進行正確的評估和引導、轉化；二是關於日後發展工作的經驗，必須進行總結。上頭要求儘快提出報告，所以這兩件事，我們都必須考慮一下……」

親朋之間，則可以這樣進行結尾：「表弟，我剛才說的那三件事，你可一定得做到啊！我等著你的好消息！」

歸納式收尾，由於條理清晰，可以重點再現交談的目的和內容，幫助雙方的思想和意見清楚交流，能收到言簡意賅、重點突出的效果。

• 邀請式收尾

邀請式收尾的基本特徵，是運用社交手段，向對方發出客套性邀請或正式邀

請。前者展現了禮貌，後者則表現了友誼。

1.客套性邀請：如果您下次到台北來，請到我們家來做客。

2.正式邀請：今天我們就談到這裡吧！星期三晚上六點，別忘了來我家吃頓便飯，那時我們再長談！

以上兩種邀請式收尾語，在社交場合必都不可少。

與人交談的結束語，種類極多，表達方式也五花八門。只要能夠駕馭情境，正確審視對象，選擇正確、得體的話語，不僅交談可以結束得非常得體、有趣，還有餘韻猶存、引人回味的效果。

悅耳的嗓音讓人一聽就傾心

只有清晰、悅耳地發出每一個音節，才能清楚明白地傳遞自己的思想，也才能自信地面對你的談話對手，達到想要擁有的談話效果。

嗓音，是決定說話效果的關鍵之一。

悅耳的好嗓音，就像音樂一樣，讓聆聽者感到愉快。

如果一位女性聲音清脆圓潤，想必不管走到什麼地方，只要一開口說話，所有人都會眞誠地洗耳恭聽，因爲他們無法抗拒如此具有魅力的聲音。

眞誠、爽朗、充滿生命活力的聲音，就像從乾裂的地面噴出的一股清泉，也像從靜寂山谷中流過的一道清流，在每個人的心頭涓涓而流。即使這位女士的相貌普通，但像音符般美妙的聲音帶來的魅力仍然會打動人心。

那麼，優美的聲音有沒有一定標準呢？

答案是肯定的。根據國內外口才專家的建議，可總結出以下幾項重點：

● 語調

語調能反映出一個人說話時的內心世界，表露出情感和態度。當你生氣、驚愕、懷疑、激動時，語調一定不自然。

透過語調，聆聽者可以感受並分辨出你究竟是一個幽默、可親可近的人，或是一個呆板保守、具有挑釁性、阿諛奉承、陰險狡猾的人。

語調也可以反映你的個性，是優柔寡斷、自卑、充滿敵意？還是誠實、自信、坦率，能夠尊重他人。

因此，不管談論什麼樣的話題，都應讓語調與談及的內容相互配合，恰當地表示你對某一個話題的態度。

想把話說進別人心坎裡，不僅要做到這一點，還要一併滿足以下幾點：

1. 向他人及時地傳遞準確的訊息。
2. 得體地勸說他人。

3. 加強力度勸說他人實施某一行動。

4. 說話之時不拖泥帶水。

• 節奏

與口才出色的人談話是一種享受。

他們說話之時抑揚頓挫豐富，引人入勝，就像一個出色的演奏家，將語言的節奏化作美妙的旋律，隨心所欲地彈奏出一曲曲動人心弦的樂章。

語言的節奏，大致可分爲高亢型、低沉型、凝重型、輕快型、緊張型、舒緩型等等，若能有效地掌握，便能達到打動人心的效果。

• 發音

別小看了發音，我們說出來的每一個詞、每一句話，都先由一個個最基本的語音單位組成，然後才加上適當的重音和語調。

正確恰當的發音，有助於準確地表達自我。

只有清晰、悅耳地發出每一個音節，才能清楚明白地傳遞自己的思想，也才能自信地面對你的談話對手，達到想要擁有的談話效果。

●音量

當你內心緊張時，發出的聲音往往又尖又高；當你意志消沉時，發出的聲音往往讓人覺得有氣無力。因此，講話時應適當地控制音量。

彼得是一家大型金融機構的投資研究部經理，平時總是表現得異常活躍且激動。爲了讓大家都聽到他說的話，總是大聲叫喊，甚至連打電話時，隔壁辦公室都能聽清他說的每一句話。對此，同事們無不反感。

事實上，語言的威懾力和影響力，與聲音高低完全是兩回事，大喊大叫並不一定就能說服和壓制他人。聲音過大，只會讓人不願聽你講話，甚至生出厭惡情緒。

這與音調一樣，每個人說話的聲音大小也有範圍，可以試著發出各種音量大小不同的聲音，並仔細聽聽，找到一種最爲合適的聲音。

你也可以有迷人的好聲音

發音、音調、音量、情緒、表情，能帶動並感染你的聽眾。讓自己擁有迷人的好聲音，將更具影響力，能深入到人的心坎裡去。

聲音是感情的外部展現，兩者必然有一定的對應關係。

當一個人心情愉快時，聲音是明朗的；抑鬱不歡時，聲音就較黯淡。若沒有這種對應關係，人類就不可能憑藉聲音傳遞情感訊息，自然也將無法引起聽話方在情感上的共鳴。

如果失去了感情的運動變化，聲音便沒有了內在依據，失去活力，成了空洞僵滯的東西。

感情的變化豐富細緻，與它相適應的聲音的變化也必須生動豐富。響亮、生機

勃勃的聲音，給人充滿活力與生命力之感，向別人傳遞訊息或勸說時，將能產生重大的影響。

若你對自己的聲音不是很滿意，看到這裡，相信一定已經迫不及待地想要設法改善了。要想動聽的嗓音，首先必須先了解其成因：

●共鳴技巧

共鳴，也稱爲「共振」，是指一個發音體引起另一個發音體發出頻率相同音響的現象。

人體有天然的共鳴器官，直接引起語音共鳴的是聲帶上方的喉、咽、口、鼻腔，此外，胸腔、前額、兩顴部分也有共鳴作用。

說話用聲的特點是以口腔共鳴爲主，以胸腔共鳴爲基礎，又略帶一點鼻腔共鳴。運用共鳴音講話，可以使聲音既豐滿圓潤、洪亮渾厚，又樸實自然、清晰眞切，聽起來富有「磁性」，還可以保護嗓子，避免嘶啞。

共鳴音的獲得，需要對喉腔、咽腔、口腔、鼻腔、胸腔進行有針對性的訓練，這裡簡單介紹兩種控制技巧。

一是「通」，即發音的聲帶要通暢，不憋不擠。發音時，頸部、脊背自然伸直，胸部放鬆，不僵不憋，喉頭放鬆，口腔打開，讓氣流得以十分通暢地向上、向前流動。

二是「掛」。發音的聲道雖然是貫通的，但聲音卻不宜直通通地放出來，要控制好氣流，使其產生一種被吸住的感覺，好像「掛」在前硬顎上一樣。這樣，發出的音才能明朗、厚重，並且省力。

•字正腔圓

字正腔圓，指的是字音的精純和準確。近聽，語音純正，吐字清晰；遠聽，語音明亮，圓滑優美。

具體來說，字正腔圓包括兩方面涵義：一是「眞」，即字眞、音純、調準，不能含混，眞切俐落；二是「美」，即發音好聽、圓潤、優美，讓人感到悅耳動聽。把「美」與「眞」完美結合在一起，便是字正腔圓了。

字正腔圓的核心，在於掌握吐字歸音的技巧。

吐字歸音，是中國傳統戲曲中對吐字方法的概括，是指對字頭、字腹、字尾的

完整處理過程。

一個字音的頭、腹、尾不僅要分得明，還要連得好，聽得清，使之符合音韻學的要求。有人將其概括爲：「字頭擺得準，字腹響度大，字尾收到家。」整個過程，彷彿「棗核形」。

●音質的運用

音質即聲音的性質，是區別的根據和標誌。

每一個人，由於發音器官共鳴器的形狀不同，發音方法不同，發出的聲音便會有音質上的區別。

音質的好壞，有兩個顯著標誌：

其一，好的音質聽來甜潤、清亮、優美，令人悅耳爽心；不好的音質粗糙、沙啞、低暗，猶如撕裂破布，刺耳煩心。

其二，好的音質富於變化，可以根據講話內容的需要，變換出不同的聲音，差的音質則缺少變化，單調呆板，不適於做藝術化表達，也不宜模擬。

一個人本身音質的好與差，由多種因素形成，有先天的限制，也有後天的影響。但不管如何，只要進行訓練，掌握正確的發音方法，完全可以改進。

音質條件較好的講話者，應當向語音表達的多樣化、藝術化、優美化幾個方面發展，充分開發音質的潛力，使自己的聲音悅耳動聽，成爲口才高手。

至於先天音質條件不太好的人，則應多加訓練，提高聲音的品質。

●音調的運用

音調是聲音的高和低，也包括升和降的過程。語音的高低、升降，不僅賦予語句以抑揚頓挫的特點，也展現出一定的思想感情。

音調可分爲高音、中音、低音三種，高音比較高亢、明亮；中音比較豐滿、結實；低音則比較低沉、寬厚。

不同的音調有不同的作用，產生不同的表達效果。一般內容適於用中音，重要內容和強烈的情感適於用高音，悲傷、惋惜、深思一類的內容，則更適於用低音表達。

語音的升降與聲音的高低是一致的，聲音高的地方用升調，聲音低的地方用降調。一段話中，如果思想內容逐層深入，情感越來越激烈，就可以用升調；反之，

如果內容由重到輕，情感由激昂變得沉重或舒緩，則宜採用降調。疑問句、反問句或提示句，要用升調，敘述句用降調。

音調與音強密切相關。一般表示快樂、悲壯、責備的句子，聲音先強後弱；表示不平、熱烈的句子，聲音先弱後強；表示滿足、優雅、莊重的句子，聲音是中間強、頭尾弱。

講話時，你的發音、音調、音量、情緒、表情，與內容一樣，能夠極大地帶動並感染你的聽眾。讓自己擁有迷人的好聲音，你所說出的每一個字將更具影響力，能深入到人的心坎裡去。

恭維，不是口是心非的讚美

恭維，不是浮泛空洞的讚美，而要指出具體事例。唯有如此，被你恭維的人才真正感到開心與驕傲。

許多人都說「禮多人不怪」，真的是這樣嗎？

試想以下狀況：如果你到一個朋友家裡中作客，朋友的態度卻異常客氣，你每說一句話，他都唯唯諾諾，滿嘴的客套話，唯恐你不高興似的。對此，你會有什麼感想？

不難想見，你不但不高興，反而還覺得有如芒刺在背、坐立不安，只得趕忙找個理由告辭，逃也似地從那人家裡出來。

客氣是好事，但過度的客氣只會讓人渾身不自在。

與朋友初次見面，略說幾句客套話自然難免，但第二、第三次見面，最好少用「閣下」、「府上」……等生疏的名詞。否則，彼此的距離將無法拉近，眞摯的友誼不可能建立。

客氣話是用來表示恭敬或感激的，應當掌握尺度，適可而止，多用則不免流於虛僞，讓人覺得口是心非。

有人替你做了一點小小的事情，譬如倒了一杯茶，說聲「謝謝」就夠了，要是情形比較特殊，最多說聲「對不起，這點事情也要麻煩你」。偏偏有些人爲了表現自己知書達禮，以爲客氣話越多越好，「謝謝你，眞對不起，我不該拿這點小事情麻煩你，太不敢當了，實在太感激了……」如此一大串沒完沒了，只會讓聽者渾身不自在。

說客氣話必須眞誠，像背台詞一樣地將陳腔濫調一股腦拋出，則容易使人生厭。態度自然最好，不用太過緊張。

欠缺眞誠的客氣話，不能引起聽者的好感。必須言之有物，這是所有談話都應具備的條件。

與其說「久仰大名，如雷貫耳」，倒不如說「您上次主持的冬季救濟義賣晚會成果很好，真是讓人佩服……」，直接提及對方工作上的傲人成績，他當然更感到高興。

恭維別人的生意興隆，倒不如讚美他行銷產品的能力，或讚美他的經營手腕。單說「請多指教」是不行的，應該擇對方所長，只在某點上請他賜教。

恭維，不是浮泛空洞的讚美，而要指出具體事例。唯有如此，被你恭維的人才眞正感到開心與驕傲。

就算寒暄，也要掌握重點

寒暄也要掌握重點，透過寒暄可以拉近彼此的距離，並藉此溝通感情，聯絡友誼，幫助自己在人際交往上更入佳境。

寒暄，聽起來好像沒什麼了不起，其實背後大有學問。

寒暄，能夠拉近人與人之間的心理距離，能產生認同心理，是人際交往中必不可少的一環。

寒暄，是人與人進行語言交流的方法之一，能使朋友合心領意會，讓不相識的人相互認識，使不熟悉的人相互熟悉，使單調的氣氛活躍，爲雙方進一步談打下良好基礎。

寒暄的形式，主要有以下兩種：

•路遇式寒暄

在路上或公共場所遇到熟人，禮貌地打個招呼，就是路遇式寒暄。

路遇式寒暄有兩種情況，一種是遇到經常見面的熟人，和對方握握手，說句「你好」、「上班去呀」，甚至只是相互點點頭、微笑一下、擺擺手，不用停下腳步，擦肩而過。

另一種，是在路上遇到較長時間沒有見面的熟人，這時則不可以點頭而過，而要停下來，多說幾句。如果正好有急事要辦，則要與對方說清楚狀況，表示歉意與遺憾後再離開，這是人際交往的基本常識。

•會晤前的寒暄

約會對象或客人來到之後，在交談正題之前的問候，就是會晤前的寒暄。

這裡同樣也包含了兩種情況，一種是常見的問候方式，如「您好」、「請進」、「請坐」等等。

另一種，是在特殊情況下的問候方式，如對病人、老人、師長、好友，或是遇到大病初癒、長途旅行、身遭不幸者，言語必須更加體貼，力求暖人心扉。

從寒暄的內容看，則有以下幾種方式：

●關懷式寒暄

這可說是最常見的寒暄方式。真摯深切的問候，對於加深人際間的感情，有著重要的作用。

●激勵式寒暄

這指的是在寒暄過程中，給人以鼓舞和力量。若是運用得好，即便只是寥寥數語，也足以予人極大的激勵。

●幽默式寒暄

在寒暄中加點幽默詼諧成份，對於協調交際氣氛很有效果。人際間的溝通與友誼，往往是在幽默的寒暄中建立起來的。

●誇讚式寒暄

有人說，一早起床，如果能聽到諸如「您起得好早啊」、「您身體越來越好啦」之類的讚美式寒暄，能讓一整天的心情都舒坦、愉快。

當然，誇讚式寒暄也要講點技巧，重點就是讓誇讚的內容具體，才能產生最大的作用。

另外，寒暄時還應注意以下幾點：

- 注意對象：因人而異，不要像是老和尚念經，對誰都是一個調。
- 注意環境：在不同的環境中，運用不同的用語。
- 注意適度：適可而止，過多的溢美之詞只會給人虛偽客套感。

寒暄也要掌握重點，透過寒暄可以拉近彼此的距離，並藉此溝通感情，聯絡友誼，幫助自己在人際交往上更入佳境。

PART 7

說服，從拉近心理距離開始

口口聲聲都是「我們」，不僅表示排除了自我，且能觸發聽眾對集體的歸屬意識，即使厭惡被迫接受，也會不知不覺地軟化。

給別人台階下，才能避免尷尬

不但要儘量避免不慎造成別人下不了台的情況，而且要學會在他人可能不好下台時，巧妙地提供「台階」。

順著台階，才能往下走。給別人下台階，才能避免尷尬。

身在社交場合，每個人都必須展現在別人面前，因此無不格外注意自身社交形象的塑造，並且表現出較平時更爲強烈的自尊心和虛榮心。

在社交活動中，適時地爲陷入尷尬境地者提供恰當的「台階」，使他免失面子，是處世的一大原則，也是爲人的一種美德。這不僅能使你獲得對方的好感，也有助於樹立良好的社交形象。

不過，提供台「階時」，有幾點需要注意：

・不露聲色

既能使當事者體面地走出窘境，又儘量不使在場的旁人覺察，這才是最巧妙的「台階」。

・巧用幽默語言

幽默是人與人交往的潤滑劑，一句幽默的話語，往往能使雙方在笑聲中相互諒解和愉悅。

・盡可能為對方挽回面子

當遇到意外情況，使人陷入尷尬境地時，提供「台階」的同時，如能採取一些相應的措施，及時挽回對方的面子，甚至再增添一些光彩，自是最好不過。

至於下列社交失誤，足以使人感到難堪，一定要避免：

・揭對方的錯處或隱處

在交際中，如果不是爲了某種特殊需要，一般應儘量避免觸及對方忌諱的敏感區，避免使人當衆出醜。

一家人來人往的大酒店中，一位賓客吃完最後一道茶點，順手把精美的景泰藍筷子放入自己的西裝內袋裡。

服務小姐見狀，不動聲色地迎上前去，雙手擎著一只裝有景泰藍筷子的綢面小匣子說：「我發現先生在用餐時，對景泰藍筷子愛不釋手，頗為賞識。為了表達感激，經主管批准，我代表酒店，將這雙圖案最為精美、經過嚴格消毒處理的景泰藍筷子奉上，並以最優惠價格記在您的帳單上，您看好嗎？」

那位賓客當然明白這些話的弦外之音，表示了謝意之後，連說自己多喝了兩杯，頭腦有點發暈，誤將筷子放入衣袋裡，聰明地藉此「台階」說：「當然是消毒過的更好，我就『以舊換新』吧！」

說著，取出衣袋裡的筷子，客氣地放回餐桌上，接過小匣，不失風度地向櫃檯結帳去。

• 張揚對方的失誤

在社交場合中，誰都可能不小心發生小失誤，比如念錯字、講了外行話、記錯

別人的姓名或職務、禮節失當……等等。

發現別人出現這類情況時，只要無關大局，就不必大加張揚，使本來可以被忽視的小過失一下變得顯眼。尤其更不可抱著譏諷的態度小題大作，拿人家的失誤在衆人面前取樂。

這樣做只能換得一時的開心，隨後必將因小失大，不僅會使對方難堪，傷害他的自尊心，也不利於你自己的社交形象，容易使別人覺得你爲人刻薄，在今後的交往中敬而遠之、產生戒心。

●讓對方敗得太慘

爲人處事，就像下棋，只有那些閱歷不深的小毛頭，才會一口氣贏個七八盤，贏到別人漲紅了臉、抬不起頭，還在一個勁兒喊「將軍」。

社交中，常會進行一些帶有比賽性、競爭性的活動。儘管最終目的在娛樂，但大家還是免不了希望成爲勝利者，這是人之常情。有經驗的社交者，在自己實力雄厚、絕對足以取勝的情況下，多半會刻意留一手，非但不使對方輸得很慘、狼狽不堪，甚至還可能有意地讓人勝一兩局。如此一來，既不妨礙自己在總體上的獲勝，又不使對手太失面子。

不但要儘量避免因自己的不慎，造成別人下不了台的情況，而且要學會在他人可能不好下台時，巧妙及時地提供一個「台階」。學會這個技巧，對口才、待人接物能力的提升，將有明顯幫助。

在競爭越來越激烈的商業社會，說話能力決定一個人的競爭力，因此你既必須洞悉處世心理學，也必須增強自己的表達能力。

每個人都喜歡聽好聽的話，想要脫穎而出，與別人互動的過程中，如何照顧別人的心理，如何把話說進別人的心坎裡，絕對是必修的學分。

在合適的時機，說合適的話

> 提出建議，固然是一種真誠、熱情、友善的表現，但必須注意態度，並選擇合適的時機，採用委婉的語氣，才能避免傷害別人的自尊。

很多人失敗，並不是敗於實力不濟，而是不知道運用「語言」這項利器，不知道什麼時候該說什麼話。唯有細心研讀並靈活應用語言的魅力，具備良好的說話能力，才能增強自己的競爭力。

人人都愛面子，一方面極力維護自尊，一方面渴望被別人尊重。交談中惡語傷人，會極大地傷害別人的面子；交際中冷落別人，也會使人感到失面子；批評時，把人批得體無完膚，談判時使對方無言以對，或處處感到被操縱，都會使人感到有失面子。

當人們感到失了面子時，便會固執己見，不肯退讓。

在這種情形下，考慮的不再是問題的是與否，一心只想盡力維護自己的觀點。尤有甚者，會採取針鋒相對的辦法，使對方也同樣感到難堪。

多數英明的領導者都認同，表揚時應該大造輿論，讓更多人分享成功的喜悅，同時盡可能用書面形式如獎狀等，延長表揚的喜悅和影響。

至於批評則正好相反，應該單獨進行，並且注意可能產生的副作用，盡可能消除對方不愉快的心理影響。

有一句話說：「假如你想表揚一個人，用書面；假如你想批評一個人，用電話。」正是給別人留面子的做法。

不在第三者面前，尤其不在集體或具有特殊意義的人面前，批評一個人。隨意在別人面前批評人，最容易造成傷害。如果被批評者也是個領導者，將會因此而降低威信。

當眾批評，有時還會引起其他人的不安全感，批評者會被認爲苛刻、缺乏同情心。比較合適的辦法，還是私下談話，以討論的形式說出意見，避免不必要的矛盾。

此外，若是時間與情況允許，可以把問題暫時擱置，待雙方都冷靜下來之後，再用「不經意提醒」的方式進行。

這種方式，可以避免不冷靜的批評，也可以減少對方因失誤產生的不安，避免影響其他環節的工作。

當談話使對方處於窘境時，應該給個台階下，這不是妥協，是爲談話和緩地結束創造條件。顧全面子的策略或者小藉口，誰也不會當眞，但在當下卻可能很有必要。

有損別人面子的事情一定不要做，有損別人面子的話也一定不要說。一不小心傷害了他人的自尊，不僅使人際關係惡化，而且可能帶來不可彌補的損失。

人的自尊心比金錢更重要。一個人失去金錢，尙可忍受，可自尊心受到傷害，絕不會善罷干休。

有時候，我們雖然不是刻意，卻可能因爲一句無心之話，或一時口快而傷害別人，爲自己樹立敵人。

一次年終總結會上，經理正說到興頭上：「經過各位的辛勤工作，今年本部門共創造了兩百六十萬美元的利潤……」

「錯了，錯了！」小孫冷不防打斷經理的報告，「這只是上半年的資料，實際上，我們全年的利潤總額，已經達到三百八十萬美元！」

經理聽了滿面通紅，尷尬萬分，勉強地把報告做完，會議便草草收場。

現實生活中，類似小孫這樣心直口快的人不在少數，每當看到別人有什麼過錯，或者有看不慣的地方，就急急忙忙提出來。儘管是出於一片好意，提出的意見也很有價值，但由於不注意場合，不考慮方式，往往讓人感到沒面子，不但達不到應有的效果，還會使聽者心存芥蒂。

如果那位經理有容人之量，自然不會把如此一件小事放在心上，可萬一碰上的是一個比較愛面子的人，必定會把這件事情認爲是對他的不敬與冒犯，小孫往後的處境就很尷尬了。

相信很多人都有過親身體驗，被人直接了當地指出不足之處，並要求改正時，雖然明知道他說的是正確的，心裡仍感到不痛快，嘴上也不服氣地反駁，甚至會爲了爭自己的面子，與之對衝。

由此可知，提出建議，固然是一種真誠、熱情、友善的表現，但必須注意態度，並選擇合適的時機，採用委婉的語氣，以對方容易接受的方式表明自身觀點，才能避免傷害別人的自尊。

在合適的時機，說合適的話。透過友善溝通、婉轉批評與自我批評，維護提高雙方的自尊，才能達到成功的標準。

與其多說，不如適時沉默

在特定的環境中，可藉沉默來表達心中的想法。透過這種毫不費力又不傷和氣的方法來達到目的，是真正明智的選擇。

作爲上司，免不了要碰上下屬犯錯的時候。

此時，這位下屬內心一定充滿恐懼，害怕同事們的埋怨、上司的斥責，擔憂得惶惶不可終日。

如果你看到他表現出這樣的神態，那麼，大可不必再因爲他的過失而給予嚴厲責怪。這時，運用「此時無聲勝有聲」策略，更加有效。

一座寺廟裡，有一位德高望重的長老，手下有一個非常不聽話的小和尚，總是

三更半夜越牆而出，早上天未亮再越牆而入。長老一直想管教一下小和尚，但苦於沒有證據，無法採取行動。

這一天深夜，長老在寺廟裡巡夜，在高牆邊發現一把椅子。他知道那個小和尚必定藉此翻牆到了寺外，於是悄悄地搬走椅子，自己在原地守候。

天明前，外出的小和尚回來了。他爬上牆，再跳到「椅子」上。突然，感覺「椅子」變了，軟軟的，甚至有點彈性。落地後才知道，自己踩著的「椅子」已換成了長老，嚇得倉皇離去。

以後的日子裡，小和尚覺得度日如年，天天都誠惶誠恐地等待著懲罰，長老卻和從前一樣，對這件事隻字未提。

小和尚覺得再也無法忍受了，不想每天都在煎熬中度過，鼓起勇氣找到長老，誠懇地認了錯。

出乎意料，長老聽完後只寬容地笑了笑說：「不用擔心，這件事只有天知、地知、你知、我知。」

小和尚感動萬分，也備受鼓舞，從此收住心，再也沒有翻過牆。經過刻苦的修習，若干年之後，接替圓寂的老和尚，成了長老。

看完這個故事，讓我們再看一個實例：

一九四一年十二月七日，日本海軍偷襲珍珠港成功。

儘管美軍損失慘重，太平洋艦隊幾乎全軍覆沒，但美國議員之中，仍有不少人反對向日本宣戰。

當時，羅斯福已經將局勢分析得十分明朗，他十分明白，如果不趁日軍立足未穩時發動戰爭，再拖延下去，將來的戰況將會變得異常艱鉅。

同時，他也明白那些持反對態度的人的想法。

第一次世界大戰，美國直到最後階段才參戰，且戰爭並未在本土進行，反而因此大發其財。可是現在狀況不同，一旦參戰，國內經濟必受影響，同時，勝負還很難預料。如果戰事對美國不利，到時如何收場？

羅斯福理解這些人的顧慮，但他以政治家的眼光覺察出，種種擔憂都毫無必要，

美國必須參戰。如何才能表達出他對這些人的不滿，以及必然能夠取勝的信心呢？

一次會議上，所有人又為該戰還是不戰爭論不休，雙腿殘疾的羅斯福突然想要站起來。

見他辛苦掙扎的樣子，兩名侍從慌忙上前想幫他一把，意想不到的是，羅斯福竟憤怒地將他們推開。

在眾人驚訝的目光注視下，羅斯福搖搖晃晃地從椅子上緩緩站起，滿臉痛苦卻倔強地堅持著，默默看向周圍的人，一言不發。電視機前的所有觀眾都看到了這一畫面，他們感動了。是呀！有什麼困難是不能克服的呢？

國會很快做出了決議——對日宣戰！

有些時候，在特定的環境中，完全可以不必說那麼多話，以沉默來表達心中的想法，效果更好。透過這種毫不費力又不傷和氣的方法以達到目的，是真正明智的選擇。

食言而肥，就沒有第二次機會

不準備兌現的輕率承諾無異於騙局，一旦食言，將會令你信用掃地。承諾，絕對不能當兒戲。

最失敗、最不受同情的，就是言而無信的人。

需要幫助的時候，又是保證又是承諾，好話一籮筐，說服大家紛紛效命，可一等事情結束就開始毀諾，把說過的話全忘光。這樣的人，必定失去人心，將來不管再碰到怎樣的困境，都不會有人同情，更別說是伸出援手了。

無論是什麼人，都不能輕易許諾，更不能輕易毀諾。許下的諾言不能實現，必將導致人際交往的失敗。

輕易對別人許諾，表示根本就沒有考慮過自己的能力，以及實現過程中可能遇

到的種種困難，徒然給人留下「不守信用」的壞印象。

許諾越多，問題越多。所以，「輕諾」的結果必然是「寡信」。有幾分把握就該做幾分承諾，千萬不可開空頭支票。

不把話說得過滿，是一種分寸。

商務交際中，信守承諾是贏得信譽的最基本準則。

一般來說，對於正式場合的承諾，如簽字或協議，很少有人自食其言，往往能採取嚴肅認真的態度竭力兌現。然而，對於另一種承諾——口頭承諾，看待態度就各有不同了。

有些人對口頭承諾的認識不足，每每輕率承諾，事後又不盡力兌現，以至造成不良的後果。

一七九三年三月，拿破崙偕同新婚妻子參觀了盧森堡的一所學校，受到校方的熱情款待。

拿破崙夫婦很受感動，當場送給校長一束價值三個金路易的玫瑰花，並說：「只

要我們的法蘭西還存在一天，每年的今天，我都將派人送給貴校一束價值相等的玫瑰花。」

然而時過境遷，由於各種原因，這位偉人最終沒能兌現自己的諾言。

兩百年後的一九八四年，盧森堡政府重提舊事，向法國提出索賠，索要的利息高達一百四十萬法郎。

法國政府實在不甘為一句話付出如此高昂的代價，但為了挽回拿破崙的聲譽，只得發出委婉的道歉書，才算了結了這「千金一諾」。

由此可見，對於口頭承諾採取輕率的態度，是十分不明智的。它雖然沒有字據爲憑，但卻以人格爲擔保。

不了解這一點，把口頭承諾當成一般的應酬，或當做好聽的話取悅於人，必將自食苦果。

口頭承諾一旦說出，就變成一種義不容辭的責任，兌現諾言的努力是取信於人的關鍵，具有重要意義。

要做到言必行、行必果，應該從兩個方面著手：

●切忌信口開河

應該謹慎地注意自己的一言一行，特別要注意把握說話的尺度和準則，對於沒有把握做到的事情，不可做出輕率的承諾。

●一諾千金，切忌食言

「食言」是大忌。一旦犯下這種錯誤，未來將很難再取信於人。

應該慎言慎行，儘量少承諾，一旦承諾，則言出必行。若真的無法實現，應及時且主動地承認錯誤。

重要的正式交際活動忌食言，即使只是一般的日常交往中的口頭承諾，同樣也應採取慎重、嚴肅且負責的態度。

不準備兌現的輕率承諾，無異於騙局，一旦食言，必會令你信用掃地。切記，口頭承諾絕不能當兒戲。

說服，從拉近心理距離開始

口口聲聲都是「我們」，不僅表示排除了自我，且能觸發聽眾對集體的歸屬意識，即使厭惡被迫接受，也會不知不覺地軟化。

兵法上講：「心戰爲上，兵戰爲下。」意思是說，攻心才是眞正的上策。論辯猶如用兵，也要注重心理戰術，論辯中的「攻心爲上」，就是揣度對方的心理，注意論辯對策的合理性，使人形成心理的內化反應，瓦解鬥志。

林肯曾經說過：「不論人們如何仇視我，只要肯給我一個說話的機會，我就可以把他說服。」

他之所以如此自信，就在於能夠巧妙地運用攻心爲上之術，拉近自己與聆聽者之間的心理距離。

「攻心爲上」技巧的運用，在林肯競選總統成功的過程中，具有重要的作用。他以樸實富有情感的話語擊敗用語華麗、口若懸河的對手道格拉斯，贏得億萬選民的心，就連原來竭力反對他的人，聽了他的競選論辯後，也爲他的眞情感動，轉而投票表示支持。

第二次世界大戰時，一九四一年耶誕節前夕，邱吉爾去了一趟美國，希望說服美國人和英國人站在一起，立即加入對德戰爭中，以扭轉英國面臨的危險。可是當時不少美國人對英國人不抱好感，反對介入對德戰爭，爲邱吉爾的說服工作增加了難度。

他不愧是著名的演說家，著手於攻心技巧的運用，用情感打動了美國人的心，終於使他們克服了對立的情緒，把英國人當成「自己人」，轉變態度支持政府援助英國，參加對德戰爭。

邱吉爾從兩國人民間共同的語言、共同的宗教信仰、共同的理想及長期的友誼入手，用「說英語的家庭，都應過一個和平安寧的耶誕節」，打動了美國人的心，使他們由反戰轉爲參戰。

除了「攻心」之外，要說出一番成功的論辯或者演說，除了造成聽眾心理與感情上的衝擊，更應該特別著重以下幾點，使表達更爲生動、強力且富彈性。

- **強調要點，不重要的跳過**

談話中，只對重要的字加強語氣，對其他字則匆匆跳過去。對整個句子也要這麼處理，以便讓一些重要的字眼得到突顯。

- **改變聲調，高低交錯**

與人交談時，語調不可一成不變，應該要有高有低。這種方式能令人感覺愉快，可以很自然地抓住聽眾的心。

- **將「我」改成「我們」**

說話時，反覆強調「我……如何」、「我……怎樣」，會令人有被迫接受的感覺，容易遭到厭惡或排斥。可想而知，聽眾會築起「自我的圍牆」，拒絕接受。與此相反，倘若說話者口口聲聲都是「我們」，不僅表示排除了自我，且能觸發聽眾對集體的歸屬意識。即使厭惡被迫接受，但在對方不斷施展「我們」的魔力下，態度也會不知不覺地軟化。

從心理學上來說，這種手法可巧妙地隱匿自我，消除聽眾的敵意，激起共同意識。此外，還可獲得兩重好處，一是在當下增強自我觀點的客觀性、普遍性；二是在事先推卸責任，在「我們」、「群眾」的保護下，逃避懲罰。

●調節說話的速度

平常與人交談時，我們時常會更改自己的說話速度。這種方式不僅令人聽了愉快、自然，不會有奇怪的感覺，而且具有強調的作用。事實上，這正是把某項要點強調出來的好方法。

●在要點前後稍微停頓

當你說到一項要點，希望在聽眾腦海中留下深刻印象時，應該傾身向前，直接望著對方的眼睛，但一句話也不要說。突然而來的沉默，其實和突然而來的嘈雜具有相同效果，能夠吸引人們的注意力。這樣做，將使每個人都提高注意力，警覺起來，注意傾聽談話者下一句要說些什麼。

只要抓住以上要點，就能拉近自己與聆聽者的心理距離，更能夠讓你說出的話更吸引人。

選對方法，就能說服對方

說服的目的，是借對方之力為己服務，而非壓倒對方，因此，一定要從感情深處著手征服。

只要仔細觀察那些辦事效率高的人，你很可能會發現，他們大都不是伶牙俐齒的人，相反的，還總是略帶羞澀，言語不多。

這是爲什麼呢？

道理其實很簡單，那些反應迅速、能言善辯的人，往往有個不好的習慣，就是會透過踐踏別人的自尊來表現自己的能力，在打擊別人的同時抬高自己。這種人的存在，會造成對合作不利的負面氣氛。

你是你自己世界的中心，同樣的，你的同事也是他自己王國的國王。他可能會

對你感興趣，但這種興趣，很難與他尋求自我保護和對自己幸福的關心相比。如果你要想爭取別人的關注、友誼，甚至是和你一起工作，首先必須考慮到這一點。

想得到一個人的合作，必須從他的角度和觀點來觀察事物。什麼是他感興趣的？是否有他感興趣的事，會因合作而受到損害？如果從他那方面看，有明顯的異議，你準備採取什麼樣的措施來改變狀況？

與人交談時，要考慮好方法，談論對方關注的問題，同時使他與你共處於整個事物的中心位置。除了強調共同的利益之外，往往還必須採用說服手段，才能得到眞正的同意。

不少人有一種錯誤習慣，說服別人時，經常會先想好幾個理由，然後才去和對方辯論。還有些人喜歡站在長輩的立場上，以教訓的口吻指點別人該怎麼做。這樣一來，就等於先把對方推到錯誤的一方，效果往往不彰。

說服人的方法和技巧很多，以下幾種比較實用和簡便：

●用高尚的動機來激勵

一般情況下，每個人都崇尚高尚的道德，至少對於待人接物，有最基本的規範和認知。

所以，在說服他人轉變看法時，一個有效的辦法，就是用高尚的動機來加以激勵。比如說，這樣做將給國家、公司帶來什麼貢獻，或將給家庭、子女帶來什麼好處，或者對自身的威信有什麼正面影響……等等。

●用熱忱的感情來感化

說服一個人的時候，對方最擔心的是可能會受到的傷害，因此在思想上先砌上一道牆。面對此種情況，不管你怎麼講道理，他都聽不進去。

解決這種心態的最有效的辦法，就是用誠摯的態度、滿腔的熱情對待他，說服的時候，表現出情不自禁的感情，使他內心受到感動，進而改變態度。

●通過交換資訊促使改變

實踐證明，人抱持不同的意見，往往是由於掌握了不同的資訊。有些人學習不夠，對一些問題不理解；也有些人習慣於老的做法，對新的做法不了解；還有些人是聽了誤傳，因而對某些事情生出誤解。

在這種情況下，只要能把正確資訊傳遞出去，他就會覺察到自己的行爲並不像

原來以爲的那麼正確，進而採納新主張。

●激發主動轉變的意願

想讓別人心甘情願地去做某件事，最有效的方法不是談你需要的，而是談他需要的，教他怎麼去得到。所以有人說：「撩起對方的急切意願，能做到這一點的，世人都與他同在。不能做到者，將孤獨終生。」

探察別人的觀點，並且在他心裡引起對某項事物迫切需要的願望，指的並不是操縱他，使他做只對你有利的某件事，而是要他做對他自己有利，同時又符合你的想法的事。

●用間接的方式促使他轉變

說服人時，直接指出錯誤，對方常常會採取守勢，並竭力爲自己辯護。因此，最好用間接的方式讓他了解應改進的地方，從而自願轉變。

所謂間接的方法，包括了很多，例如把指責變爲關懷、用具體的比喻來加以規勸、避開實質問題談相關的事、談別人或自己的錯誤來啓發、用建議的方法提出問題……等等。

這需要根據實際情況的不同，創造性地加以運用。

● 提高對方的期望心理

被說服者是否接受意見，往往和他心目中對說服者的「期望」心理有關。說服者如果威望高，一貫言行可靠，或者平時和自己感情好，覺得可以信賴，被說服者自然比較願意接受，反之，就可能產生排斥心理。

步步為營，力求穩中求勝

說服需要一定的技巧。其中最重要的，是要依循一定的步驟，像行軍打仗一樣，步步為營，力求穩中求勝。

說服，需要一定的技巧。其中最重要的，是依循一定的步驟。

說服他人，應按照什麼樣的程式來進行呢？

概括起來，大致有以下四步驟：

- **吸引對方的注意和興趣**

想讓對方同意自己的觀點，首先應吸引勸說對象，將注意力集中到自己設定的話題上。

利用「這樣做，你覺得如何」、「這對你來說，絕對有用」之類的話吸引注意力，是不錯的方法。

爲了避免一開始便出師不利，以下幾個要點務必要掌握好：

1. 留下良好的第一印象。
2. 平時多留意自己的言談舉止，絕對要做到言行一致。
3. 主動與周圍的人接觸，建立良好的人際關係。
4. 再小的承諾也要履行，言出必行。
5. 不撒謊——除了善意的白色謊言。

●明確表達自己的思想

具體說明想要表達的意思，比如「如此一來不是就大有改善了嗎」之類的話，更進一步深入，以便讓對方能夠充分理解。

明白、清楚的表達能力，是成功說服中不可缺少的要素。對方能否輕鬆地傾聽你的想法與計畫，取決於你如何巧妙地運用語言技巧。

爲了讓描述更加生動，在說服過程中，少不了要引用一些比喻、舉例，以加深聽者的印象。

適當地引用比喻和實例，能夠使人產生具體印象，讓抽象晦澀的道理變得簡單易懂，甚至使你的主題變成更明確或是爲人熟知的事物。如此一來，必然能夠順利地讓對方在腦海裡產生出鮮明印象。

說話速度的快慢、聲音的大小、語調的高低、停頓的長短、口齒的清晰度……凡此種種，都不能忽視。

除了語言，最好同時以適當的表情和肢體語言來輔助，加強說服的力度。

●動之以情

透過你的說服內容，了解對方對這個話題是否喜好、是否滿足，再順勢動之以情，或誘之以利，不斷刺激他的欲望，直到躍躍欲試爲止。

說服前，最好能夠準確地揣摩出對方的心理，才能夠打動人心，例如他在想什麼？他慣用的行爲模式爲何？現在他想要做什麼……等等。

一般而言，人的思維行動都由意識控制，儘管受到他人和外界強烈的建議或強迫，也不見得能使其改變。

想要以口才服人，必須意識到說服的主角不是你，而是對方。

也就是說，說服的目的，是藉對方之力爲己服務，而非壓倒對方，因此，一定要從感情深處著手。

●提示具體做法

在前面的準備工作做好之後，就可以告訴對方，該如何付諸行動了。你必須讓他明瞭，應該做什麼、做到何種程度最好……等等。到了這一步，他往往會痛快地按照你的指示去做。

說服需要一定的技巧。其中最重要的，是要依循一定的步驟，像行軍打仗一樣，步步爲營，力求穩中求勝。

給別人面子，替自己留下退路

多個朋友就多條路，多個敵人就多堵牆。給別人面子，能贏得友誼、理解和發展，化干戈為玉帛。

眞正的聰明人，在與人交往的過程中，必定做到說話辦事有理有據、有禮有節，掌握分寸，絕對不把話說死、說絕，說得連自己都毫無退路可走。

人人都有自尊心和虛榮感，甚至連乞丐都不受嗟來之食，因爲那太傷自尊，太沒面子。更何況今天雙方還是地位相當、平起平坐的同事呢？

身在職場中，縱使再難相處的同事犯了錯，也千萬爲他保留面子，別輕易毀掉彼此的交情。

保留他人的面子，是一個很重要的問題。其實，這並不是一件多困難的事情，

往往只要多考慮幾分鐘，多講幾句關心人的話，多爲他人設身處地著想，就可以緩和或者避免許多不愉快。

《聖經．馬太福音》中有句話：「你希望別人怎樣對待你，就應該怎樣對待別人。」被大多數西方人，視爲待人接物的黃金準則。

眞正有遠見的人，不僅要在與別人的日常交往中，爲自己累積最大限度的人緣，同時也會給對方留下相當大的轉圜餘地。

給別人留面子，其實也就是給自己留面子。

言談交往中，少用那些「絕對肯定」或感情色彩太強烈的語言，適當使用「可能」、「也許」、「我試試看」和感情色彩不強烈、褒貶意義不太明確的中性詞，更能讓自己遊刃有餘，爲他人留下餘地。

試想，如果某一個早晨，你滿懷熱情地進辦公室，竟發現人人對你視若無睹，誰都不願主動與你說話，接下來的一天，還能有心情好好工作嗎？

當然沒有！因爲你只想知道：這是爲什麼？

不妨想想，當大家難得聚在一起聊天的時候，你是否仍然自命清高地做自己的

工作，不願意參與其中，開一些無傷大雅的玩笑，或談些家務瑣事？

你是否曾很不厚道地把同事告訴你的話，轉告給上司？

當同事在你面前有意無意地表現自己有多能幹，多受上司的信任時，你是否從不稱讚、祝賀，總是顯出一副不以爲然、頗爲嫉妒的樣子？

你若不先給人面子，別人必定會以冷漠回應。

生活中，多個朋友等於多條路，多個敵人就是多堵牆，這個道理，放諸四海皆準。若不能團結周遭衆人，寸步難行的，無疑是自己。

沒有人喜歡平白無故挨耳光，同理，也沒有人會毫無理由地拒他人的好意於千里之外。給別人面子，就能贏得友誼、理解和發展，化干戈爲玉帛。

PART 8

恰如其分地讚美別人

要恰到好處地讚美別人不是一件容易的事，但如果稱讚得體，就能博取對方歡心，快速拉近彼此之間的距離。

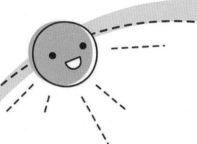

不要吝於讚美別人

適度、真誠、委婉、合情合理的讚美是去病除疾的良藥，言過其實的讚美會令人生厭，效果適得其反。

每個人都喜歡聽好聽的話，說好話絕對比做好事更容易達成溝通的目的；想成功，在溝通的過程中，如何讚美別人，如何把話說到別人的心坎裡，絕對是必修的學分。

如果你不知道如何站在對方的立場看問題，不知道適時稱讚對方，藉機把話說進對方的心坎裡，非但無法達成自己的目的，而且還會使自己在溝通的過程處處碰壁，難以和對方進行良性互動。

古人說：「快刀割體傷易合，惡語傷人恨難消」，說明出言不遜的人只會自食

苦果，只有處處與人爲善，寬以待人，才會建立與人和睦相處的基礎。

在現實生活中，有些人不討人喜歡，四處樹立敵人。這並不是大家故意和他們過意不去，而是他們在與人相處時，總自以爲是，對他人百般挑剔，隨意指責。如果你想成爲一個被人喜歡的人，就必須學會衷心地讚美別人。

有句話說：「人性中最根本的願望，就是希望得到讚賞。」一個笑容可掬，擅長發掘別人優點給予讚美的人，肯定會受別人的尊敬和喜愛，這種人自然身心健康，生活、工作都十分愜意。

在日常生活中或職場上適時地讚美他人，會讓彼此的信賴關係更穩固，也會激發出工作意願。譬如女性最喜歡別人讚美她漂亮，簡單不費功夫的一句話，可是女性最棒的活力來源。

當然，如果要請別人幫你做事，讚美對方更是不二法門，即使讚美到他害羞的地步，也絕對不是壞事。

在孩子的教育上，那就更不需懷疑了。以責備方式來教導孩子，是不會有太大效果，還不如費一點心思，找出可取之處來讚美他。比起做錯事被責備，小孩子絕

對會比較喜歡被讚美的。

一旦被讚美，就能增加自信心，會產生一種自己被認同的安全感。因爲，自己被人信賴的喜悅，會讓人產生一股動力，因此我們應該儘量針對對方的優點去讚美他。

對於攻擊性的態度，一般人都會很自然地產生敵對的心理，對於親切的態度，他們也會產生友善的反應。如果是以施壓的態度接觸小孩，不管你說話再怎麼有趣，他們也不會聽你的。

大人其實也和小孩一樣，當你發現職場上有人拼命工作而得到優異成果時，都應該不吝嗇地讚美他。

千萬不要等他離職時，你才說他是難得的人才，或是一個優秀的業務精英什麼的，這樣不僅不能激勵他，也對公司毫無助益。

提到讚美，我們經常在婚禮的致詞上聽到，新郎都是優秀分子、前途無可限量，新娘都是才貌兼備的女性等等。雖然我們會把它當作是形式上的讚美致詞，但內心還是得十分高興。

不管如何，在儀式上我們已經習慣了充斥著瑰麗辭藻的讚賞，但在日常生活或職場上，我們都還不習慣讚美別人，因爲對於讚美都會直接聯想到，它是一種恭維或者巴結，因而產生抵抗感。

礙於保守的民族性，東方人不像歐美人那樣會直率地道謝，讚美別人，反而很怕別人認爲自己別有居心；被讚美的人就算是事實，也會在嘴上謙虛地加以否定。

其實，讚美至少是一種友好的態度，意味著溝通的積極表現。你不妨大方讚美對方，也接受對方的讚美！若覺得懷疑，多注意就好，即使被欺騙，也不是什麼大不了的事。

此外，積極地讚美他人吧！它可以當作加強溝通的潤滑劑。雖然有人會覺得這樣太輕浮了，但這樣才能讓地球運轉得更順暢。

在職場上也試著利用讚美的功用吧！它和獎金不同，是不需要花錢的，而且還能得到很大的效果。

讚美必須要選擇時間與場所，否則可能讓被讚美的人產生被諷刺的錯覺。別忘了，一定要採取公開的方式，暗地讚美是毫無意義的。

適度、眞誠、委婉、合情合理的讚美是去病除疾的良藥，言過其實的讚美會令人生厭，效果適得其反。

潛心去研究讚美這門學問，一定會使你的心靈充滿喜悅與幸福，讓你的工作與生活充滿陽光和希望。

千萬不要逞口舌之能

想要成為優秀的說話高手，談吐必須機智得體，在製造風趣幽默效果的時候，千萬不要冒犯他人，否則就會適得其反。

人如果不關心正和自己交談的對象的話，很難成爲一個受人歡迎的說話高手。

懂得說話藝術的人，有時儘管話語說得很少，但卻能挖掘別人身上的優點，透過眞摯的讚美誘導對方開口說話。

他們和別人交談的時候，態度非常眞實熱忱，而且善解人意，因此，在他們面前，即使是個性害羞內向的人，也能輕鬆自入地侃侃而談。

他們解除了別人的心防，讓他們不再有所疑慮，使得他們能夠敞開心胸暢所欲言。大多數的人們都認爲，他們是一個風趣幽默的談話大師，因爲他們能夠挖掘別

人身上最優秀的內涵。

倘若你想成爲一個四處受人歡迎的人，那麼，你就必須先旁敲側擊了解與你交談的對象，然後用他們最感興趣的議題來引導他們加入話局。

因爲，如果你的議題不能令談話對象產生興趣，那麼，你試圖拉近彼此心理距離的努力，將會徒勞無功。

有些人能夠準確地挖掘別人身上的優點，有些人則恰好相反，總是觸及別人隱隱作痛的傷口。善於發現別人優點的人之所以受歡迎，就在於他們會使別人忘掉不愉快的事情，而且懂得喚起別人身上所具有的特殊優點。

想要成爲優秀的說話高手，談吐必須機智得體，在製造風趣幽默效果的時候，千萬不要冒犯他人，否則就會適得其反。

如果你想令別人感到自己的談吐詼諧幽默，除了必須鍛鍊自己的說話技巧之外，必須留意的是，千萬不能逞口舌之能戳傷別人的痛處，或者是嘲諷別人。

輕鬆自在地表現自己

其實你的自我意識不需要太強烈，應該坦率而自然地表現出自己想法。別人並沒有你想像的那樣注意你，不妨自在輕鬆地表現自己吧。

很多人不習慣在眾人面前說話，尤其是害羞、內向的人更容易發窘，一緊張起來，就開始心跳加速、冷汗直流、雙腿發軟、天旋地轉……先前準備好的說詞可能早已忘得一乾二淨，說起話來不知所云，視線也完全不敢投向前方。

遇到這種情況，你可能覺得自己完蛋了……

可是，當你恢復意識後，有時卻會發現狀況與自己想像的迥然不同。你或許會看到有人露出微笑，甚至坐在隔壁的上司還稱讚你說得很好，大家都紛紛誇你態度穩重，說話也有重點。

這一定會讓你大吃一驚吧！怎麼會完全出乎自己意料之外呢？

這種情況其實常發生。原因在於，你可能非常重視這件事，但別人根本覺得沒什麼，所以即使發生一點點差錯，你會覺得事態嚴重，不過別人卻不這麼想的。

這是因爲，人通常只注意到自己，對攸關自己的事情非常重視、在意，對別人的事就沒太大感覺。

人際關係上也是如此，或許你會覺得：「對他說話還是客氣一點比較有禮貌。」但是，對方心裡卻可能會想：「這人說話好虛僞，眞不知道他到底在想什麼。」

所以，其實你的自我意識不需要太強烈，應該坦率而自然地表現出自己想法。別人並沒有你想像的那樣注意你，不妨自在輕鬆地表現自己吧。

過去，大家會認爲謙虛就是一種美德，不過，這一套在現代早已不適用了！

我們常常會說：「我沒辦法勝任這件事」、「比我有能力的還大有人在」，其實大多時候，內心都是在想：「我優秀得很呢！」以爲自己這樣是很謙虛的。

不過，換成是你，聽到這樣的話，應該不會對對方有好印象吧?!你可能覺得對方很不積極而已。

所以，倒不如再多表現出自己，如果遇到了能力不及的事，就要採取積極努力的態度，這是比較重要的。

要注意的是，可別太高估或吹噓自己的能力，這是許多人常犯的毛病，往往爲了抬高自己的身價，大拍胸脯保證或是誇下海口，不過不要忘了，虛張聲勢的話會馬上被看穿的！

當別人對你有好印象的時候，其實是你的能力和言語一致，而且具有說服力的時候，也就是對方能明確地評估你的時候。

坦誠地表現自己，就能給與對方好印象。

還有，我們大都無法同時處理很多工作，因此當上司突然交代某些新工作給你時，你就必須就手頭上的工作進行取捨，不過，關於那些想要拒絕的話語，你應該是很難說出口吧！

那麼，當你非得接受超越自己能力以上的工作之時，該怎麼辦呢？

其實，與其事後才懊惱不已，你不妨一開始就婉轉地向上司說明自己的工作狀況，這才是聰明的做法。

你可以委婉地說明：「老實說，從我現在的能力和工作量來看，我想，要完成這項任務是很困難的，可是我願意盡力試試看。不過，若途中需要協助的話，必須麻煩您找人支援。」

這樣一來，你積極的態度就會被讚許，而且大家也會很樂意協助你。就算途中眞的接受了其他人支援，你也不會有難堪或受傷的感覺。

其實，不管是工作或人際關係上，你想要有怎樣的結果呈現，都全憑自己的表現，關鍵點就在於樂觀進取，不要給人負面的印象了！

建立人際關係，從「聽話」做起

聚精會神地聆聽博學多聞的人談話，不僅能增進自己的人際關係，獲得志同道合的朋友，也可以從中萃取豐富自己人生所需的養分。

波斯作家薩迪曾說：「口中的舌頭是什麼？它是智慧寶箱的鑰匙，只要不打開，誰都不知道裡面裝的是珠寶還是雜貨。」

言語對於大部分普通人來說，是用來交流思想的，但是，對某些聰明人來說，則是用來掩蓋思想的。

交談的藝術，不只是讓人聆聽的藝術，也是聆聽別人說話的藝術，因此，在交談當中，一個人獨佔全部的話題，是一種無禮且不合情理的錯誤。

千萬要記著，大自然賦予人一條舌頭和兩個耳朵，爲的是讓人聽到的話兩倍於說出的話，如此才可能增長自己的智慧和人際關係。

在現實生活中，有許多人不懂不懂得說話，也不懂得「聽話」。現代人的生活步調太過匆忙，大都缺乏耐心去聽別人談話，有時根本就不尊重正在與我們交談的人。

和別人交談的時候，我們往往表現得心不在焉，極不耐煩地左顧右盼，或者玩弄雙手和身邊的物品，或者不禮貌地打斷別人的談話。

總之，我們老是恨不得趕快結束這次談話，趕往下一個目的地，和另一個對象進行相同的會話。

這種現象正代表著，我們懷著急功近利的心態，生活在焦躁不安之中，不曾爲自己和別人留下深入交流的時間，生活的壓力推促著我們盲目地前進，在熙來攘往的人潮中推推擠擠，想擠出一條康莊大道，以便朝著夢想中的名利權勢奔去。

因爲欲求不滿足而滋生焦躁不安，是現代人最顯著的特徵之一。除了追逐權勢、名位、財富之外，其餘的事物都不會令我們產生興趣，反而讓我們感到厭煩。很多時候，我們和別人交往，並不是以建立彌足珍貴的情誼爲基礎，而是以功利的

角度來衡量他們對自己的價值，評估他們能爲自己帶來多少助力，能否幫助我們達成自己的目的。

生活的緊張、繁忙與庸碌，使我們認爲自己沒有多餘時間去培養待人接物應有的優雅禮儀，也沒有時間吸收別人的優點，增強自己的內涵與學識。

殊不知，這種膚淺的想法與行爲，久而久之，就會使我們成了言語無味、功利市儈的世俗庸人，缺乏吸引別人接近的魅力。

其實，聚精會神地聆聽博學多聞的人談話，不僅能增進自己的人際關係，獲得志同道合的朋友，也可以從中萃取豐富自己人生所需的養分。

如果，你渴望建立一流的人際關係，讓自己獲得更多友誼和助力，首先，你必須從專心聆聽別人說話做起，以虛懷若谷的態度尊重別人的言談。

成為傾聽高手的不二法門

不能成為傾聽高手絕對是有百害而無一利的，靜下心來想一想，你是否懂得認真聆聽別人說話呢？

不論做任何事，想要得到美好的成果，集中注意力是必備條件，這個原則可以應用在商業、藝術、運動……等各方面上。

交談之時的傾聽方式也是一樣，集中注意力是很重要的。

傾聽高手是會認同別人存在、激發出別人潛在能力，而且讓別人內心溫暖的人。每個人都衷心盼望自己身邊能有這種傾聽高手，如果你能成爲傾聽高手，就代表你成爲他人所歡迎的人，不但人際關係會變得很好，能得到各種有益情報、得到別人的協助，發生困難時也能得到必要的支援，好處多多。

一般人大都比較想培養說話能力，但其實傾聽能力才是更重要的，因爲不管在工作或人際關係上，最基本的東西就是溝通，而溝通又是由傾聽這種行爲來達成的；傾聽能力越高，溝通也會越順暢，人際關係也一定會變好。成爲傾聽高手能帶來一些具體好處，像是受人喜愛、能順利地進行工作、不會錯過任何有利的情報、成爲說服高手及說話高手……等等，這些都是有連帶關係的。

雖然每個人的好惡都很主觀，情況也因人而異，但同樣一個人，爲什麼有人喜歡他，有人卻討厭他嗎？

關鍵點就在交談時的表情與態度。

怎樣的表情與態度才會受到別人喜愛呢？

除了笑容、尊重對方的反應、思考自己在對方心中的印象之外，要養成受人喜愛的傾聽方式，還有一些值得注意的地方：

1. 注意不要有瞧不起對方的態度與言語。

我們都討厭別人瞧不起自己，使自尊心受到傷害，所以言談之際，也不能使別人有這種不愉快的感覺。

2.尊重對方的立場。

每個人都會先想到和自己有密切關連的事，希望對方多少考量到自己，因此交談之時要尊重對方的立場。

3.要有恰到好處的附和。

附和應該是發自內心的感覺，不要讓人有矯揉做作的嫌惡感。

4.一邊筆記一邊傾聽，對方就會對你萌生好感。

因爲，對方會覺得自己受到重視，心情當然就愉快了。

5.不要逼問，而要詢問。

詢問是要確認對方說的事，關於不清楚的事情，希望對方在能力範圍內能告訴自己，但一旦用逼問的方式，就會讓對方惱火而不愉快。

6.懂得稱讚他人，取悅對方。

人和人說話會心情變得愉快，往往是在對方對自己有不錯評價的時候，因此，該稱讚的時候不需要猶豫，想到時就可馬上脫口而出。

7.引用對方的話。

對對方的話迅速地反應，在對話中引用他的話來說，是聰明的做法，尤其是表現對方心情或情緒的話，就會更有效果。

8.醞釀出悠閒的氣氛。

一般人交談之時，最討厭無法定下心來說話的感覺了，因爲會有對方沒有確實消化自己話語的空虛感。

說話的一方如果覺得聽者並沒有認同自己的存在，又怎能對這種人有好感呢？因此製造出悠閒的氣氛是一定要的！

9.不使用讓說話者失去意願的言語。

一般而言，只要聽到否定的言語、明顯沒有認眞聆聽話的言語、懷疑的言語、催促談話的言語，說話的人就會馬上失去繼續說話的意願，使得交談氣氛整個冷淡下來。

就說話藝術而言，不能成爲傾聽高手絕對是有百害而無一利的，靜下心來想一想，你是否懂得認眞聆聽別人說話呢？

恰如其分地讚美別人

要恰到好處地讚美別人不是一件容易的事，但如果稱讚得體，就能博取對方歡心，快速拉近彼此之間的距離。

要恰如其分地讚美別人是件很不容易的事，如果讚美得不恰當，反而會令對方生氣。要想讚美得恰到好處，就必須盡早發現對方引以爲豪、喜歡被人稱讚的地方，然後對此大加讚美。

因此，在尚未確定對方最引以爲豪的地方前，最好不要胡亂稱讚，以免自討沒趣。試想，一位原本就爲自己身材消瘦而苦惱的女性，聽到別人「讚美」她苗條、纖細時，又怎麼會高興呢？

那麼，究竟什麼才是一個人引以爲榮的地方呢？

首先，每個人都有自己的特長與愛好，這些特長、愛好常常就是一個人引以爲榮的地方，因爲特長是他優於別人、超出別人的地方；愛好則是一個人的興趣所在，許多人會在自己的愛好上投入大量財力、物力、精力。

因此，靈活交際的智慧就在於尊重別人的特長與愛好，再加上適當的讚美，就能贏得一個人的歡心。

對有一定特長的人，如書法、繪畫、釣魚、種花等等，不可只是口頭上的讚美，最好抱著謙虛請教的態度向對方討教一番。即使你對那方面瞭解頗深，也不妨顯得有些外行，好讓對方表現一番。

其次，每個人或多或少都有些自認爲很光榮、很光彩的往事，他們常常把這些事掛在嘴邊，老是說：「想當年……」「那時候，我曾經……」「在法國留學那一陣子……」

對於這些往事，他們常常希望得到別人的讚許。因此，瞭解對方引以爲榮的往事再加以稱讚，多半能令對方高興。

最後，每逢女性改變髮型、服飾、裝扮時，一定要加以稱讚。像是說：「今天的耳環不一樣，是在哪裡買的呢？」

聽見這種暗藏讚美的話，沒有一個女孩子會不高興的。對許多女性而言，服裝或飾物是自己最希望受人讚美的部分。

但要注意，若是對這方面不甚了解而隨便讚美，也有可能帶來反效果，例如將廉價的衣服讚爲「高貴的服飾」，可能會令對方有被愚弄的感覺。

要恰到好處地讚美別人不是一件容易的事，但如果稱讚得體，就能博取對方歡心，快速拉近彼此之間的距離。

因此，若想成爲一個成功的領導者，對「稱讚」這門學問就要好好研究，它會是開拓人際關係的最佳武器。

用祝願式言語增進情誼

雖然祝願式的言語不一定有邏輯性，但只要話語中包含誠心的祝福，對方自然樂於接受，也就有益於促進彼此間的關係了。

好聽的話語人人愛聽，所以在人際交往的過程中，多說點好聽話能減少彼此之間的摩擦，加強彼此的情誼。所謂的「好聽話」不單是指稱讚對方的話語，同時還包含帶有祝願意味的話語。

祝願式言語主要強調一種美好的意願與說者真摯誠懇的感情，是用一種友好的心情去祝對方的未來發展狀況順利、一切心想事成。這類話語不一定合情合理，但由於話中帶有善意，所以聽者多半會欣然接受。

例如，在某間飯店的公關部售票台前，有位客人匆匆來到櫃檯前要訂車票。

「早安！」辦事員很有禮貌地站起來招呼。

「我要三張後天去紐約的九十一號列車車票。」這位客人不耐煩地說。

見客人情緒不佳，辦事員立即將訂票單取出，幫客人登記。當寫到車次時，他習慣性地問：「先生，萬一這趟車訂不到，三一一或三〇五號列車可以嗎？它們的發車時間是……」

但沒等對方說完，客人就連說：「不行！不行！我就要搭九十一號列車。」

辦事員又強調：「萬一……」

沒想到這番好心反而把客人惹火了。「什麼萬一？你們是為客人服務的，怎能這麼說？」客人有些惱怒。

這時，這名辦事員立即意識到自己說話的方法不妥，差一點把客人趕跑了。他根據對方回應的信息，立即調整話語，轉換語氣說：「我們一定盡最大努力，設法為您買到票。」客人這才滿意地離去。

第二天客人來取票之時，根據前一天打交道的情況，辦事員一改過去公事公辦的態度，笑瞇瞇地對他說：「先生，您的運氣真好，明天九十一號列車的車票恰好只剩三張票，我已經幫您買下來的。先生您的運氣這麼好，肯定是要發財了。」

客人一聽此言，立即眉開眼笑，還到販賣部買了一大包零食請辦事員吃，而且從此以後，他成了這家飯店的忠實顧客。

上面例子中的辦事員，從買到車票的幸運「推測」出「發財」一說，這兩者之間沒有必然性可言，也不具備多少合理性，但重點在於它是一句人人都愛聽的好聽話，讓人聽了就開心。

祝願式言語帶有濃厚的情感色彩，需要內含眞實的情感，並給予對方最爲貼切的讚美。雖然祝願式的言語不一定有邏輯性，但只要話語中包含誠心的祝福，對方自然樂於接受，也就有益於促進彼此間的關係了。

禮貌得體地使用語言

巧妙運用禮貌用語是社交場合中的最高智慧，它能使雙方相處得融洽，有利於友誼的發展。

一句話能使人跳，也能使人笑。語言是思想的衣裳，還能展現出一個人的氣質與教養。交際中如能使用禮貌的語言，不僅能爲自己塑造出良好的形象，還能發揮「良言一句三冬暖」的效用，人與人之間的感情很快就會融洽起來。因此，應對之時應多加使用如您好、謝謝、請、對不起、別客氣、再見、請多關照等種種禮貌性語言。

以往在招呼對方時，多習慣問：「吃飽了嗎？」但這樣的打招呼方式太單調，也有點不雅。在這方面，可以多用「早安」、「午安」、「晚安」、「最近好嗎」、

「請代我向夫人問好」等等詞語替換。但不論打招呼的內容爲何，語氣務必要溫和親切，音量要適中，若說話尖聲尖氣，別人就難有好感。

在人際交往中，得體地使用禮貌語言和謙詞，可以給對方留下良好的印象。在這裡介紹十種在一般場合中常用的禮貌用語：

一、與好久未曾見面的人見面時說：「久違」。
二、與不相識的人初次見面時說：「久仰」。
三、有了過失求人原諒時說：「請多包涵」。
四、請人幫忙時說：「勞駕」。
五、有事要找別人商量時說：「打擾」。
六、請對方不必再送行時說：「請留步」。
七、發表自己意見時說：「有不對的地方多請指教」。
八、有事要暫時離開時說：「失陪」。
九、歸還物品時說：「奉還」。
十、當別人表示謝意時說：「別客氣」。

在談話中不應用命令性的詞語，這類詞語也非禮貌性詞語。「你應當這樣」、「我們應當」、「我們必須」這類話語，都易令聽者不愉快、不舒服。此外，在公共場合中談話時，高聲辯駁、出言不遜、惡語傷人等都是大忌。

還有些人總是喜歡大談自己如何如何，令人難以接受。

義大利音樂家威爾第五十歲時，曾與一個十八歲的青年作曲家談話，但這位年輕人只喋喋不休地談論自己和自己的樂曲。

當威爾第專心聽完他的談話後說：「當我十八歲時，我認為自己是個偉大的作曲家，總是談『我』；當我二十五歲時，我就說『我和莫札特』；當我四十歲時，就改說『莫札特與我』了。」

這一席話很發人深省，它告訴我們，一個人要少談自我、要有自知之明，不要目中無人。

在人與人的交往中，稱呼是必不可少的，人們對於稱呼的恰當與否也相當敏感，有時這點還會決定交際的成敗，稱呼不當就會產生情感上的障礙。

現代人的稱呼名目繁雜，但一個適宜得體的稱呼，就能產生微妙的作用。對男性的稱呼，一般多用「先生」，但對女性的稱呼，就要多加注意對方的身分了。一般稱已婚的女子爲「太太」；如果對方身分地位較高，應稱爲「夫人」；對未婚的女子則稱呼「小姐」。

若是面對陌生、不熟識的女子，稱呼「小姐」會比貿然稱她爲「太太」安全得多，無論對方是十六歲或六十歲，寧可讓她微笑告訴你她是「太太」，也不可使她憤怒地糾正你應該叫「小姐」。

稱呼除了在性別上的分別外，還要注意對方的年齡、輩分、地位。對長者可尊稱爲「奶奶」、「叔叔」等；若對方是上級，可用職務稱呼他。尊稱易使雙方感情融洽，也能表現出自己禮貌與恭敬的態度。

巧妙運用禮貌用語是社交場合中的最高智慧，它能使雙方相處得融洽，有利於彼此間友誼的發展。

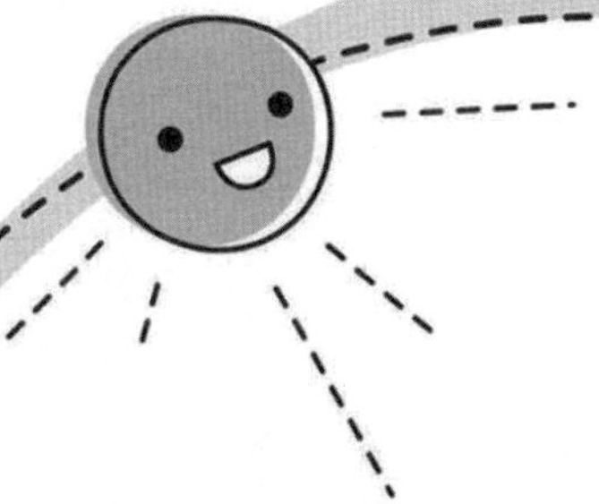

PART 9

克服緊張情緒，行事才能順利

告訴自己：「我緊張、不安，對方也會與我產生同樣感覺。」這樣，你的心理會坦然些，也會增加勇氣。

從對方的舉動明瞭彼此的互動

對方的某些舉動，往往暗示著與你交流時的心情。因此，也必須注意對方的行為表現，作為自己下一步行動的參考。

很多人失敗，並不是敗於實力不濟，而是不知道運用「語言」這項利器，不知道什麼時候該說什麼話。唯有細心研讀對方的肢體語言，並且靈活應用語言的魅力，才能增強自己的競爭力。

與人交流往來時，一定要嚴格要求自己的舉止，避免出現以下行爲。

1. 做人太虛偽

與爲人虛僞的人交往，常會讓人擔心受騙上當，沒有安全感，讓人難以相信他。這種人只關心自己，不關心他人，把個人利益看得至高無上，凡事斤斤計較、

患得患失、損人利己，爲了個人的蠅頭小利可以放棄他人、集體的巨大利益。私心太重的人必然缺乏吸引力。

2. 挫傷別人自尊

常常挫傷別人的自尊心的人，不會有和諧的人際關係，因爲破壞了他人社會心理需求的滿足，自然讓人討厭他。

3. 報復心強

與報復心強的人交往，使人產生壓力，常常擔心稍有不慎就會遭到報復，心理上很緊張，因此自然疏遠他。

4. 嫉妒心強

妒嫉別人，企圖剝奪別人已經得到的物質和精神的需要，這種心理一旦表現出來，就會引起別人的反感。

5. 猜疑心重

人們往往感到與猜疑心重的人難以眞誠坦率地交往。這種人心眼小，敏感多疑，難以讓人親近。

6. 苛求別人

喜歡吹毛求疵、苛求於人、使人不快的人，常常令人自尊心受挫。解除不快的辦法，就是遠離這種人。

7. 驕傲自大

恃才傲物、目中無人、習慣自吹自擂的人，當然使人心生嫌惡，不願意接近，將會嚴重地影響人際之間的交流。

另外，對方的某些舉動，往往暗示著與你交流時的心情。因此，也必須注意對方的行爲表現，作爲自己下一步行動的參考。

1. 談話的中途不斷插嘴

一般情況下，說服別人總是一鼓作氣地進行方能有效。假如在你正說得起勁時，對方不斷地插話，打斷你的話頭，會破壞語言表達的效果，同時也說明對方情緒有些煩躁，此時你該考慮停止說話，或轉移話題。

2. 故意裝糊塗

人們在交談時，爲了瞭解對方是否眞心聽清楚了，總會在談話告一段落時，問上一句：「怎麼樣？我這樣說你聽懂了嗎？」

如果你覺得自己說得非常明白，連小孩子都能懂的話，對方卻故意裝作聽不明白：「我還是不懂，你到底想說明什麼啊？」這種故作驚訝和不明白，給人的感覺是他對你談的問題漫不經心、缺乏興趣。

是否該再重複一遍，就看你的耐心程度和是否希望繼續與他交往下去，如果都不是，最好結束談話，越快越好。

3. 左顧右盼

交談之時，不停地左顧右盼，來回移動自己的視線，或者用手摸摸辦公桌上的東西，露出一臉神經質的樣子，說明聽話人已經很不耐煩，希望你能及早結束談話。

4. 不斷地看錶

當你正談得津津有味時，對方卻不時地把目光停留在自己或者你的手錶上，或者不停地看壁上的鐘，這種神情表明對方已感到時間難捱，如果他再說上一句：「這樣吧，讓我回去再重新考慮一下。」顯然他要送客了。

5.時常翻動自己的記事本

在交談過程中，如果對方動不動就翻看自己的記事本，表明他在暗示你，他下一個行程已經安排了，希望你儘快簡單明瞭地說明來意。這時，你最好縮短你的談話。

6.經常離開座位

倘若你和對方談話時，他經常找藉口離開座位，這表示他並不重視你的存在，或者不喜歡你的談話，此時你可以根據自己的情況適時打住。

7.故意自言自語

在兩個人談話當中，如果有一方「顧左右而言他」，有一句沒一句地自言自語，那麼，另一方就可明白他對這個話題毫無興趣，漠不關心。

此時，說話的一方應該起身告辭。

克服緊張情緒，行事才能順利

告訴自己：「我緊張、不安，對方也會與我產生同樣感覺。」這樣，你的心理會坦然些，也會增加勇氣。

與人交涉、溝通、談判的過程中一定要避免緊張，緊張只會壞事。以下是克服緊張情緒的技巧。

1. 一開口聲音宏亮，就不會怯場。
2. 服裝方面，穿著較正式稱頭的衣飾，可以增加自信心。
3. 交涉之前，如果遇到不愉快的事，要利用很短的時間，使自己的心情轉為愉快。比如翻看喜歡的雜誌、看幾則笑話，大笑一番；逛逛附近的百貨公司，欣賞悅目的商品等等。

4. 對手可能使你怯場時，設法提早談判的時間。

5. 以輕快的步伐走到會場，心情會輕鬆許多。

6. 提早到達會場，心理上就不會那麼畏畏縮縮。

7. 保持眼睛的高度跟對方齊等的地步，精神壓力就會減輕不少。

8. 交涉場所最好選擇自己熟悉的地方，如果辦不到，至少也要選擇雙方都不熟的地方，讓雙方的立足點相同。

9. 遇到可能使你畏縮的對手，說話的時候要緊緊地注視對方的眼睛。

10. 把關鍵問題提早說出來，緊張感就會緩和。

11. 怯場時坦白向自己承認：「我有點怯場了，真不像話！」只要意識到了，就不再那麼緊張。

12. 如果你感到在氣勢上已被對方壓倒時，不妨拿出一張紙胡亂塗寫。這一辦法有兩個作用，一是由於隨意胡亂塗寫，手指頻動之時，自己的緊張感能夠緩和；另一項作用是可以攪亂對方心理，分散其注意力。

13. 交涉之前想些自己的優點和成就，就會產生信心。

14. 告訴自己：「我緊張、不安，對方也會與我產生同樣感覺。」這樣，你的心理會坦然些，也會增加勇氣。

15. 告訴自己：「我的對象與我一樣，不過是個平凡的人。」這樣就不會被對方的社會地位或頭銜嚇住。

16. 為了防止談判突然中止的時候發生尷尬氣氛，事先要帶些資料、備忘錄之類的東西，以便隨時可以若無其事地翻看。

17. 忽然被對方提出的問題難住，一時無法回答的時候，要立刻反過來問對方相關的另一個問題。

18. 發現自己說錯了話，就立刻在腦子裡想起與此全然無關的事情。

19. 發現自己很緊張，就使所有動作緩慢下來。

鼓勵是瓦解心防的秘密武器

試著養成肯定別人的習慣，直到它變成一種固定而正常的行為，如此一來工作場合中許多男女之間的緊張情況就會得以紓解。

「肯定別人」是激勵和推動一個人，並使他融入工作團隊最有效的方法。團體或組織是讓人們獲得肯定的地方，同時也會讓人擁有權力、技能與人力等各方面的資源。

現代社會中，男人和女人在彼此的合作關係中，會分別表現出自己的優點與特質，會互相學習改善團隊工作的效率，因此，應該給予對方充分的鼓勵以及正面的肯定。

但是，許多男人和女人都不願意肯定對方，擔心若是自己向別人喝彩就會吃虧。男人將男人之間的相互肯定視爲理所當然，然而卻不願意對女性的成就多給予一點讚許。相對的，女人對男人的「傳統男人行爲」也不敢貿然給予讚美，害怕這樣一來反而會助長他們的自我心態與大男人主義。

有些男人不敢以讚賞男人方法稱讚女人，這是由於她們具有魅力和其他「女性特質」，唯恐這些原本用於男人身上的讚美之詞，會被女性認爲是一種失去女性魅力的奇恥大辱。至於女人爲何不願意爲男性的成就和冒險喝彩呢？原因無他，就是因爲她們覺得男人已佔盡所有優勢。

就是這種想法，造成了工作場所中「肯定」的大量缺貨。在工作中，我們不斷聽到人們抱怨其他人，同事們做錯了什麼，卻很少聽到給對方支援和鼓勵。

試著養成肯定別人的習慣。每天都要求自己肯定別人或自己，直到它變成一種固定而習慣性的行爲，如此一來工作場合中許多男女之間的緊張情況就會得以紓解。但首先必須要掌握正確的肯定方法，一般來說適當的讚美應具備以下幾個特徵：

- 以第一人稱發出讚美與肯定
- 用詞簡潔直接

•明確指出對方的成就

此外，讚美職場中的女性時，請具體稱讚她的成就，而不要只是著重於她的外貌、性格或其他毫無相關的美德。

讚美一個工作中的女性具有傳統女性的優點、善良溫柔，她或許會覺得心花怒放，然而，她若只獲得這些讚美和肯定，那麼這些話無異於是一個極大的陰謀，使她無法繼續前進。因爲，她們需要知道的，是別人欣賞她的做事方法，以及她對團隊成就的貢獻。

描述地越詳盡，就越能表示眞的留意對方的成就。尤其若能說出對方對該項成就的感受，而不是只針對該成就爲組織所帶來的利益，那將會更令人欣慰。

傾聽才是溝通的最高境界

「傾聽」是與人交流溝通的最高境界，將對方表達的意思，瞭解清楚之後，才表達自己的看法，這種溝通的成功率極高。

經常有人誤以爲交流溝通就一定要靠嘴巴說話，其實這是不對的觀念，我們可以用筆溝通、用肢體溝通、用眼睛溝通、用微笑溝通，最厲害的則是用傾聽來溝通。

當然，得要看在什麼狀況之下，再選擇用什麼方法溝通。如果你是團體的領導人，那就更要懂得這一點。

有一個青年去找哲學家蘇格拉底，想要向他學習演講的技巧。青年一見到蘇格拉底，就滔滔不絕地介紹自己的理想和抱負。好不容易等他說完了，蘇格拉底才說：

「要教你演講可以，但是我要收兩倍的學費。」

青年一聽，覺得很奇怪，問道：「為什麼教我要收兩倍的學費呢？」

「喔，」蘇格拉底看了看青年一眼，「因為我得教你兩門學問，一是教你怎麼開口，二是教你怎麼閉嘴。」

個性獨裁跋扈的人，往往只專注於意見的表達，不懂得傾聽的藝術。當他說話告一段落沉靜下來，似乎是在聽別人的意見，但是一開口卻根本接不上別人的話。原來，他中止的時候，正在想下一句要說什麼。

世界知名的大音樂家李斯特，在俄國巡迴演出時，應沙皇之邀到克里姆林宮演奏。沒有想到，就在演奏進行當中，沙皇不但很傲慢地躺在沙發上，還不斷和旁邊的人聊天。

李斯特氣極了，根本沒有心情好好地演出，瞪了沙皇一眼。可是，沙皇一副毫不在乎的樣子，依然不斷講話。

李斯特雖然憤怒，可是臉上仍保持著一副平和的樣子。他一言不發地蓋上琴蓋，中止了演出。

沙皇見了覺得很奇怪，叫侍從去問音樂家為什麼不演奏了。李斯特故意提高音調，但是仍然溫文有禮地大聲回答：「喔！沒什麼，只不過大家都在聽陛下說話，我也應該靜下來，不要打擾陛下說話。」

沙皇一聽，尷尬地笑了笑，停止了說話，等到了大廳一片靜寂之時，李斯特才又打開琴蓋，若無其事地繼續演奏。

「傾聽」是與人交流溝通的最高境界，眞正的傾聽不但是要用耳朵聽，還要用心去聽，眞正能夠將對方所表達的意思，瞭解得清清楚楚之後，再經過腦袋客觀地分析、研判。一旦思考有了結論，才運用說話的技巧妥當表達自己的看法，這種溝通的成功率極高。

掌握與異性相處的安全尺度

無論做任何事情，下任何決定，都應該用體貼的心去思考對方的難處，避免造成困擾，強人所難。

懂得尊重別人，才是一個成熟的人。

尊重是一種現代人應當具備的修養，透過言談舉止，確實落實在與每一個人的互動、交往上。

與異性相處之時，更要抱持著尊重態度，並且遵循以下的四個原則：

・不要亂開玩笑

人們在相互交往中，免不了彼此開點小玩笑，爲了融洽人際關係，溝通情感，也爲生活增添樂趣。

這些玩笑，就內容而言，有高雅和粗俗之分；就其動機而言，也有善意和惡意之別。無論男女，相信誰都不樂意聽見粗俗且飽含惡意的玩笑。

但也有一種狀況，就是你明明不覺得自己說錯了什麼，卻讓對方勃然大怒，覺得受到冒犯，這是怎麼回事呢？

道理很簡單，就是因爲你開的玩笑已經失當，在不知不覺中觸及對方的忌諱或者心結，引起對方憤怒或煩惱。

關於這方面的眞實例子可說不勝枚舉，只要稍加回憶，相信你必定可以從自己過往的生活中得出許多經驗。

某些玩笑，如果對象是男性，或許不會惹什麼麻煩，但倘若針對女性，就可能導致難以預料的後果。凡是涉及年齡、長相、身體、衣著、心態、人格……乃至一切可能損及自尊心的話題，都應該小心謹愼，儘量避免觸及。

凡是人都有自己的忌諱，因此在與人交談的過程中，特別是和異性交談，應避免口無遮攔，觸及引人不快的話題，自找麻煩。

• 不要觸痛傷疤

在漫長的人生旅程中，每個人都難免會經歷一些挫折、痛苦和不幸。每當回想起這些往事，當事者內心難免會感到傷痛。

將心比心，如果你已經知道身邊的異性曾遭遇一些變故，無論是來自家庭、婚姻、事業，或者其他種種，都應該要極力避免有意或無意的觸痛，以免引起不必要的人際紛爭波動。

• 不要過分熱心

所謂過分熱心，是指超越彼此現有關係的反常行爲，尤其在男性對女性的態度上更要注意，務求拿捏出最適當的距離與尺度。

身爲男性，在與女性同事或友人相處時，過分冷淡當然不好，但是過分熱心，也容易引起不安，招致猜忌。

以辦公室爲例，男性職員對女同事的關懷和幫助，必須有所節制，用以下四個因素加以制約：

其一，時間因素。此時此刻，給予這種方式的熱心，是否合適？

其二，地點因素。在這地點、這場合，表示這種方式的熱心，是否合適？

其三，人際因素。接受者本人，或者她的朋友，包括整個團體的風氣與輿論，對於這樣的熱心舉動是否可以接受？

其四，行爲因素。這種熱心行爲，究竟有沒有必要？是否可以換個方式？審慎評估後的行動，不但可以有效保護自己，避免很多不必要的麻煩。

・不要強人所難

強人所難，是一種缺乏修養、不講禮儀道德的行爲。

無論男女都應該明白，異性和自己在許多方面的行動、想法、考量點是不一樣的，或許導因於先天生理機制的不同，或許是後天環境與責任的不同所造就。

因此，無論做任何事情，下任何決定，都應該用體貼的心去思考對方的難處，避免造成困擾，強人所難。

男女交往大不同

男人常常誤以為女性同意他的看法，女人則認為男性對她的話毫無興趣，這是因為男女之間表達的方式大不相同。

爲什麼男人與女人之間，常常發生溝通方面的障礙？這是因爲男人和女人各有自己的「性別語言」。

也就是說，男人和女人在許多時候，雖然使用同一種語言交談，但事實上，兩者的用語跟對語言的解釋方式並不相通。

有幾個常見的狀況可以讓我們更明白這種不同。

- 男人講話的時間比女人多

如果一個團體裡男女都有，那麼仔細觀察就可以發現，通常說話時間比較長，

而且較常發言的會是男性。

當這種狀況發生時，女性往往會停止談話，或者成爲兩人的對談。

•男人愛插話

在男女都有的團體裡，九十六%的插話都是男性所爲；如果一個團體裡只有男性或女性，則互相插話的比例相當。

這樣的結果，就是女人更難充分表達自己的想法，男人則認爲女人無法提出具體想法，甚至誤以爲就算團隊裡有女人，對男人而言也沒有什麼助益。

•女性會注視說話者

無論發言者是男是女，女性往往比男性更專心地注視著對方。但男性對於這種狀況，往往會認爲女性在聽話時漫不經心，只會賣弄風騷；女人則覺得男人傲慢自大，不尊重別人。

•女人學習語言的能力較佳

大多數女性對於語言的學習較爲敏銳，男人會因此認爲有些女人在言語上佔他們便宜，女性則認爲男人智力較差或頭腦不清。

•男人會控制談話主題

談話的主題受到男人掌控時，女人會覺得受到排擠或開始感到無聊，男人則容易因此失去增廣見聞的機會。

•女性喜愛轉換話題

在一般的討論場合中，女性提出的話題往往比男性多。結果，男人被認爲枯燥無趣，只談工作和運動；女人則被視作浮躁、缺乏專注力。

•「點頭」的用意不同

女性通常會點頭讓說話者知道她正專心聆聽，男人則只有在贊同對方的話時才會點頭。因此男人常會誤以爲女性同意他的看法，但事實卻不然；女人則認爲男性對她的話毫無興趣、固執或根本沒有在聽。

•女性太常使用慣用語

女性較常使用一些補充的字眼和「女性專用」的形容詞、動詞與結構，例如，對每個人都說「很好」、「實在太棒了」，這些用詞會讓人覺得她的話不太莊重，似乎有些膚淺，或是習慣在每句話之前會說「我希望你眞的不介意」、「假如」等

等，這往往會讓聽者感到不知所措。

男人會因此而抓不到女性話中的重點，或者不把女人的話當眞；女人則覺得有時和男人談根本沒有用。

其實不只是對於語言的詮釋方式不同，會導致男女之間發生誤會，有時候說話時的情緒也會充分展現這種性別差異。

對於男女應該有什麼樣的情緒，以及如何表達，社會已經形成一定的社會共識，但近幾年來，男女兩性都努力學習勇敢表達出自己隱藏起來的那一面。

我們的感情世界就像冰山，露出海面的只是一小部分，其餘則深深埋藏在地底下。許多男性總是展現出十足的攻擊性，永遠滿懷衝勁與動力，但事實上他們的內心也許充滿憂傷、困惑、恐懼、痛苦。女人則是往往心裡正在生氣，但表現出來的確是溫和的微笑。

要完全透視埋藏在對方心中的想法是非常困難的，但可以大致歸納出一些面對彼此情緒的方法。

• 給男人的提示

在工作場所中，女人的眼淚，很少是因爲憂傷或失落而掉。當你看到女人正在哭泣，暫時先不要上前安撫、碰觸或照顧她，最好的方法就是留在原地不動，讓她盡情地發洩不滿的情緒。

• 給女人的提示

男人生氣有很多可能的原因，當一個男人看起來或聽起來在生氣時，千萬不要自顧地走開，試著當他的心靈導師，鼓勵他把發生的事情說出來，並且引導他朝著冷靜、理性、客觀的角度思考問題。

若是能夠了解兩性表達方式的差異，就能夠有效減少兩性溝通的問題。

規勸他人爭吵，也要講求技巧

勸架猶如解繩結，先要看清繩結的形狀，找到結繩的方法，才能一步一步解開。

親朋好友或之間發生矛盾衝突，是時常發生的事，有時還可能因爲矛盾激化而吵嘴打架。

面對那些激憤異常的吵嘴打架，該如何對待？是袖手旁觀看熱鬧，還是挺身而出去勸架？如果要去勸架，怎樣才能勸得恰當有效？

爲了維持和發展良好的人際關係，遇到吵嘴打架的事，不應隔山觀虎鬥，應該挺身而出去勸架。但要想取得勸架的最佳效果，必須注意下列「三清」。

1. 要摸清情況

不瞭解吵架的原委底細，盲目勸架，講不到重點上，非但無法生效，有時還會引起當事人的反感，嫌你「不瞭解情況就胡說八道」。

如果在勸架前，打聽一下情況，或先側耳靜聽一下雙方吵罵的焦點是什麼，把情況弄清楚了再去勸架，效果就會比較好。

對於複雜的爭吵原因，更要從正面、側面詳盡地把情況摸清楚，力求把勸架的話講到當事人的心坎上。

如果盡講些隔靴搔癢的話，不過是些無用的空話、大道理，是誰也不會理睬的。

勸架猶如解繩結，先要看清繩結的形狀，找到結繩的方法，才能一步一步解開。想要解除人們心上的疙瘩，也必須先把疙瘩看清看透。

2. 要分清主次

引起吵嘴打架的原因有主次之分，吵架雙方也有主次之分，解決矛盾也有主次之分。

勸架的人必須分清主次，絕不能平均使用力量。如果能把引起吵嘴打架的主動一方找出來，就比較容易平息糾紛。

如果看到被動的一方好勸、聽話，就把功夫下在次要方面，即使很快把他拉開了、說動了，主動一方還在挑逗不休，被動的一方也會繼續激而迎「戰」，這樣勸架的效果就不會很好。

3. 要說清道理

勸架的時候要分清是非，不能毫無原則地「和稀泥」，不分是非地各打五十大板，以爲「一個巴掌拍不響，兩個巴掌響叮噹」，籠統地把雙方都批評一番，這種方式並不能解決問題。

只有勸得十分公正，分析十分中肯，批評十分恰當，才能勸得雙方口服心也服，才會取得很好的效果。

當然，勸架時不要以爲找到激化矛盾的主要原因，就可以任意勸說批評。要想取得良好效果，還必須注意當時的氣氛，說話要注意方式方法，語氣要和緩，措辭要適當，說得婉轉動情，使對方容易接受。

人在吵架時心中有火氣，嘴上沒好話，一般聽不進勸告。因此，勸架時千萬不要糾纏於吵架人的某些過激言詞，而要多用委婉的語言，並且注意不要觸及當事人的忌諱而火上添油。

有時還可以說幾句風趣幽默的話，緩和雙方的緊張氣氛，使得吵架的人想發火也發不起來，自然也會偃旗息鼓。

當然，在某些特殊情況下，如吵架的雙方矛盾白熱化，甚至拿刀動槍來真的時，就該用高聲大喝，猶如猛擊一掌，使當事者清醒，阻止他們下手。可以大喊：「不準打人！」「把棍子放下！」等等。

這樣大喝一聲，容易使當事人清醒，緩和氣氛，阻止事態進一步發展。

面對鄰居的家務事，要冷靜處理

> 調解鄰居家庭內部的矛盾要表現出誠意，敷衍了事的神情和搪塞應付的語言，都會使對方大失所望，甚至產生反感。

自古以來，家庭就是人類安身立命的基本群體。一個人從生到死都離不開家庭，一個人一生接觸最多的莫過於家庭成員了。

人們常常用「天倫之樂」來形容家庭生活，然而，小小的家庭若遇到一點風波，便會爲生活帶來許多痛苦。

另一半生氣了，怎麼辦？孩子不聽話，還頂撞，怎麼辦？

最大的難處還不在心煩事件本身，而在於有些心煩事不能對外人吐露，家醜不可外揚嘛。正是由於人人都明白這一點，所以，人們往往對他人家庭內部的問題多

半採取不干預的明智態度。

不過，「家醜」也有外揚的時候。有時候，家庭內部矛盾是不自覺地傳出去的，比如，夫妻在家爭吵，讓外人聽到了。

這也不是奇怪的事，家中發生矛盾，又無法在家中找到消氣的地方，很可能找鄰居或好友，將自己在家中遇到的苦惱一股腦倒出來。

在這種情況下，「不干預」的態度恐怕不好堅持了。鄰居來傾吐心中的苦悶，是對你的信任，怎能一言不發呢？

如果要發言，又應該說點什麼，注意什麼呢？

首先，應該使對方能夠盡快消氣。氣消了，頭腦冷靜了，事情就好辦。其次，自己的頭腦也要保持清醒冷靜，切莫捲入對方高漲的情緒中去。

訴苦的鄰居，免不了振振有詞，事事在理，可是你不能忘了這畢竟只是一面之詞，不可不信，也不可全信。因爲，清官難斷家務事，家庭裡的問題許多都是「一個巴掌拍不響」的事。

另外，還應考慮到，鄰居是在情緒激動時講的，假如冷靜下來，也許會把「家

醜」外揚一事感到後悔。

因此，勸說的時候應該適可而止，不要用過激的語言，要留有餘地，最好不要主動打聽矛盾發生的原因。

調解鄰居家庭內部的矛盾要表現出誠意，敷衍了事的神情和搪塞應付的語言，都會使對方大失所望，甚至產生反感。

當然，如果你在鄰居心目中的威信很高，得知鄰居家庭內部發生矛盾時，可以主動前去幫助調解。由於信任，他們是不會排斥的，甚至會感到「多虧你來了」，你的到來，能夠大大緩解他們的尷尬和對峙的局面。

PART 10

小小問候也有大效用

「問候」雖然只是個小細節，但卻扮演著很重要的角色，因為它是拓展人際關係的第一步，能加強彼此間的情誼，讓對方留下好印象。

風度提升談話的好感度

偶爾適當地自誇沒什麼，但若總是誇耀自己的成就，總是想表現自己的經驗與才能，就很容易讓人生厭了。

禮節，在人與人的交往中，扮演著舉足輕重的角色，在談話中也有不可忽視的潤滑作用。

運用「你好」、「請」、「謝謝」、「對不起」等禮貌用語，能營造祥和的氣氛，拉近談話雙方的距離。

那麼，如何在談話中展現充分的禮節？以下幾點，應當密切留意。

• 表情自然，語氣親切

與人談話時，要做到輕鬆自然，應對得體。若需以手勢輔助語言，動作不宜過大，更不能誇張得手舞足蹈，口沫橫飛。

如果你想要表現親切，談話時與對方的距離不妨稍微靠近一點，但不可拉拉扯扯，輕佻調笑。

• 先打招呼，後道再見

雙方見面談話時，率先主動且友善地與對方打招呼，或以握手、點頭、微笑表示歡迎。談話結束時，別忘道一聲「再見」。

如果別人已經展開談話，最好不要任意湊近旁聽，即使有事必須與其中某人交談，也要等談話告一段落，不可魯莽地打斷。

如果交談的對象在三人以上，除了與主要對象交談外，還要適時與在場的其他人談上幾句，避免冷落當中的任何一人。

如果所談的問題不便在眾人面前公開，也不應把對方直接拉到旁邊說悄悄話，另找場合細談會比較妥當。

• 給對方發表意見的機會

這是指在交談中，不能自顧自地講個沒完沒了，要給對方發表意見的時間與機會。既要適時發表個人想法，也要當個好聽眾。

• 多說幾個「對不起」

例如，你與一人正在談話，突然有人有急事找你，你可以說：「對不起，我有點急事要處理，請稍候一下。」

說「對不起」是自謙的表示，在心理作用上，可以讓對方覺得自己佔了點上風。這樣一來，對方哪裡還會感到不悅？

要使朋友不交惡，家庭不失和，「對不起」三個字，可謂靈丹妙藥。

• 不要多話

有不少人自認口齒伶俐，碰到熟識的人，總要說上一大堆話，而且不顧對方的心理，不管人家喜歡不喜歡聽，一味地滔滔不絕，話題只圍繞著自己轉。

基於禮貌，對方不得不聽下去，但同時心裡一定無奈地想著：「受不了！這人真長舌，以後我可要想辦法避開！」

• 不要太沉默

有些人和前一種人相反，在交際場合很少開口，可能是個性比較內向，也可能是自卑，以爲自己不如人，或者地位太低。

但是，這種過於沉默的習慣，會大大地妨礙正常的人際交往，並且可能被誤以爲性格孤僻、性情高傲。

・不要浮誇

在談話中，偶爾適當地自誇沒什麼，但若總是誇耀自己的成就，總是想表現自己的經驗與才能，就很容易讓人生厭了。

談論自己要適度，最好適時打住。一個具備眞才實學的人，即使不自吹自擂，別人也會知道他具有什麼學問或能力。

・不要搶話

有些人習慣在他人說話還未告一段落，便搶先插嘴，以表示自己領悟得更快，或者知識更廣博，見解更高明。

舉例來說，剛聽人說起一個笑話，就插嘴道：「我早就聽過這個笑話了，接下來是……」

或者，聽人說起某部電影時，馬上插嘴：「我也很喜歡這部電影……」接著，又發表了一大堆關於這部電影的意見。

這種人，無論知識多廣博、見解多高明，都會讓人反感。

• 少用「我」字

與人談話時，除非對方主動要求你談談自己的事，否則不要總是以「自己」爲中心，句句不離「我」字。

適當地關心對方和對方的親友，足以令聽者窩心。

談話時，多注意以上提到的幾大禮節，將會讓你的社會關係變得更融洽，更有利於發展自身的人脈網。

多一點激勵，就多一點效益

多一分激勵，就多一分效益，別吝嗇你的那份言語陽光，應該讓它普照周圍的每一個人，讓它照進他們的心坎裡！

很多人都有這樣的困擾，當朋友遇到不順心的事，感到心灰意冷的時候，說什麼樣的話，才能達到最佳效果？

在生活中，少一分指責，多一點嘉許，不僅令事情做起來得心應手，也能給予對方愉悅的心情，何樂而不爲呢？

許多年以前，有一個十歲的小男孩在工廠裡工作。他一直喜歡唱歌，夢想當一個歌星，但他的第一位老師非但沒有給他鼓勵，反而使他洩氣。他說：「你不適合

唱歌，根本五音不全，唱出來的聲音就像風在吹百葉窗一樣。」

但是，男孩的母親，一位窮苦的農婦卻對這樣的批評不以為然，她摟著自己的孩子，激勵他說：「孩子，你能唱歌，你一定能把歌唱好。瞧！你現在已經有了很大的進步。」

這位母親的鼓舞，給了孩子無窮的力量，徹底改變了他的一生。他的名字叫恩瑞哥．卡羅素，那個時代最偉大、最知名的歌劇家。

假若在這個小男孩的童年，沒有母親的激勵與稱許，只有那位老師的無情打擊，毫無疑問，這個世界會少一位著名的歌劇家。

減少批評，多多激勵，人的良好行爲會增加，那些比較不好的行爲則會因爲受忽視而逐漸萎縮。

我們不應當老是從自己的角度看事情，也不該懷著私心，只是因爲對事物不感興趣，就對他人的行爲採取貶低或批評。

沒有愛迪生的母親對兒子孵小雞行爲的肯定與讚許，也許人類要晚好幾十年才

有電燈；英國作家韋斯特若沒有得到老校長的激勵，可能就沒有日後的無數本暢銷書，英國文學史將缺失不可彌補的一頁。

那一句微不足道的激勵，給了那些需要動力的人無窮的力量，給了那些身處逆境的人奮鬥的信心！誰又能小看它呢？

在《孩子，我並不完美，這只是眞實的我》這本書裡，著名心理學家傑絲・雷耳評論道：「激勵對溫暖人類的靈魂而言，就像陽光，沒有它，我們無法成長開花。但是大多數的人，只是敏於躲避別人的冷言冷語，卻吝於把激勵的溫暖陽光給予別人。」

多一分激勵，就多一分效益，別吝嗇你的那份言語陽光，應該讓它普照周圍的每一個人，讓它照進他們的心坎裡！

轉個彎，說話更簡單

分析顧客異議的真正根源、異議的性質、以及顧客類型，才可以取得退一步進兩步的效果。

間接處理顧客意見，是指推銷人員根據有關事實與理由，間接否定顧客異議的一種處理策略。

間接處理法適用於因顧客的無知、成見、片面經驗、資訊不足與個性所引起的購買異議。

使用間接處理法處理顧客異議時，首先需表示對異議的同情、理解，或者僅僅是簡單地重複，使顧客心理得到暫時的平衡，然後再轉移話題，對顧客的異議進行反駁處理。

因此，間接處理法一般不會冒犯顧客，能保持較爲良好的推銷氣氛，而重複顧客異議並表示同情的過程，又給了推銷人員一個躲閃的機會，使得到時間進行思考和分析，判斷異議的性質與根源。

間接處理法使顧客感到被尊重，被承認，被理解，雖然異議被否定，但在情感與思想上可以接受。

使用間接處理法處理顧客異議，比反駁法委婉些，誠懇些，所收到的效果也更好。

但在應用間接處理法時，應注意以下幾方面的問題：

第一，間接處理法不適用於敏感、固執、自我個性強、具有理智性購買動機的顧客，亦不適用於探索性、疑問類的顧客異議，而只適用於武斷性、陳述性的顧客異議。

第二，推銷人員不能直接否定顧客異議，更不能直接反駁，這是間接處理法的要求與實質性的優點。間接處理法要求推銷人員首先避開顧客來勢迅猛的異議，然後轉換角度，改變方向，再間接地反駁。

第三，推銷人員應注意選擇好重新說服的角度。間接處理法的成功關鍵，在於避開顧客異議後，從什麼角度，以什麼思維方法，用什麼內容及重點重新開展推銷說明。這正像拳擊手避開攻勢後，必須研究並選擇重新進攻的方法及出擊的部位一樣。

推銷人員應認眞利用重複與肯定顧客異議的機會，進行分析思考，分析判斷顧客異議的眞正根源、異議的性質、以及顧客類型，然後，針對顧客的無知、顧客的主要購買動機、以及購買目的，就推銷產品的主要優點等等開展重點推銷。

只有這樣，才可以取得退一步進兩步的效果，不然可能導致新的異議產生，事倍功半。

第四，推銷人員應圍繞著推銷的新要點，提供大量資訊。由於前段推銷已導致顧客產生異議，所以在轉換推銷方向後，應圍繞重新選擇的推銷要點，再次提供資訊，重新揣摸顧客思維和心理活動規律。

重點推銷可以克服間接處理法的局限性，後續資訊的內容及數量，是間接處理法取得成效的關鍵。

第五，注意轉換詞的選配。怎樣轉換話題是有效使用間接處理法的一個重點，爲了使推銷活動與顧客的思維出現轉折，可以用的轉折語有很多，如「但是」、「不過」、「然而」、「除非」、「誠然」等等，其中「但是」用起來語氣最生硬，讓顧客聽起來不舒服，最好避免。

所以，推銷人員爲了防止間接處理法的局限性，以及可能引起的不滿情緒，應針對不同的顧客，注意選用不同的轉換詞，儘量做到語氣委婉，轉折自然。例如在說了「您的看法有一定道理」後，可以續加的詞語有「而且我還可以補充」、「假如……其實還可以……」等等，效果會更好。

但是必須切記，沒有任何一種方法是萬靈丹，無論如何都得保持彈性，以見什麼人，說什麼話爲最高原則。

穩固人際關係，為成功打好地基

語言是人與人交流思想、資訊和情感的工具，所以應審慎應用，千萬不要用惡語損及自己與他人的關係。

穩固的人際關係是獲得事業成功的基石，千萬不要小看這一方面，更要隨時隨地留心與每一個人的互動情形。把人際關係打好，就等同爲成功建立最穩固的地基，對自己有益無害。

想要成功地營造自己的人際關係，應該熟悉靈活說話之道，與人交往互動時，應極力避免觸犯以下幾個錯誤：

- **不要言而無信**

爲人處世，信用兩字相當重要。

守信是一種對自己、對他人、對事業都負責的態度，也是在社交圈中必須樹立的形象。

不講信用的人，在現代社會中所在多有，這類人非但不值得信任，更不值得投入心力與時間經營、交往。

人際交往，貴在一個「誠」字，只要能站在對方的立場設想，便能夠彼此靠近。在背後造謠生事、蜚短流長的行爲，不但會破壞一個組織的團結，傷害朋友之間的情誼，甚至還會釀成環境的不安定，同時象徵了個人品行的低下。

因此，在社交生活中，我們一定要注意做到以下幾點：

1. 不傳播不負責任的小道消息。
2. 不要主觀臆斷，妄加猜測。
3. 對朋友的過失不該幸災樂禍。
4. 避免干涉別人的隱私。

- **不隨便發怒**

喜怒哀樂本是人之常情，但必須控制在一定限度以內。

心理學研究指出，隨便發怒，就人與人的互動來說，會傷害和氣與感情，損及熟人之間的信任和親近。抑制怒氣是個人理智戰勝感情衝動的過程，而所謂理智，恰好是彬彬有禮者應具備的特有標誌。

常聽人說「江山易改，本性難移」，似乎認爲愛發怒是與生俱來，無法控制，其實是一種誤解，想要讓自己的人際關係更圓融，就必須改善易怒的缺點。

大多數人都會下意識地對自己的行爲、信念和感情辯解，不知不覺中把自己置於其他人之上，強求所有人適應自己，同時把自己的意志強加於他人。

這種不能以平等態度對待自己和別人的心理，會透過許多不同的互動關係表現出來，這樣的人容易對同事和下屬發怒，也會對妻子兒女專制，認爲所有地位身分或輩分較低下的人都應該聽命行事，順從自己。

隨便向人發怒，絕對是一種不尊重且不理智的行爲，無論產生的原因爲何，都應該設法改掉。

• 不要任意為他人取綽號

綽號就是外號，依據每個人的特點而產生。

綽號象徵的涵義各有不同，例如稱英國前首相柴契爾夫人爲「鐵娘子」，是帶有褒意的美稱，類似的綽號會讓所有人都樂於接受。相對的，如果是帶有侮辱性的綽號，那就會讓人心生不悅。

有的綽號源自人天生的生理缺陷，例如「矮子」、「肥豬」、「黑鬼」等等，就相當不雅。爲他人取這樣負面的綽號，無異於揭別人的短處，對當事人造成心理傷害，無異於人格的侮辱。

若是有人替你取了不當的綽號，不妨平淡以對，不予理睬或一笑置之，如此可以避免繼續流傳，將傷害減低到最小程度。

●不要惡語傷人

惡語，是指那些骯髒污穢，意在奚落挖苦的語言。

惡言中傷是最不道德的行爲，對自己、對他人都不會有任何好處。

說話時，絕對要注意言辭和口氣，盡可能避免給人粗野的感覺。輕蔑粗魯的語氣使人感受到侮辱，驕橫高傲的態度使人與你疏遠，憤怒粗暴的表現則有可能將事情的演變導向不好的方向。

語言是人與人交流思想、資訊和情感的工具，所以應審慎應用，千萬不要用惡語損及自己與他人的關係。

● 不要嘲笑別人的生理缺陷

生理上存在缺陷的人，一般都較爲內向，交際範圍小，並時常常感到自卑、失望，與人有隔閡。這些沉重負擔會使他們格外看重精神性的需要，特別渴望真誠的友誼、尊重、信任和感情。同理，當受到別人的嘲笑、冷落或不信任、不公平對待時，也更容易引起委屈、哀怨等情緒。

與正常人相比，生理上有缺陷的人會碰到更多、更大的困難，來自許多方面，包括學業、工作、日常生活以及職業等等。對待這樣的人，需要付出更大的關心、幫助、支援和鼓勵，他們在感動之餘，會以更大的誠意回報。

拒絕，也得多花點心力

在同事相處之中，應該在追求「正確」的同時，兼顧「合作」和「情誼」，採用多向思維的方式，考慮和處理同事的要求。

若辦公室裡的同事像個「乞丐」一樣，總是提出許多不合理的要求，讓人回應也不是、不回應也不是，使人左右爲難、煩不勝煩，此時聰明的人就應該「挑肥揀瘦」地巧妙應對。

在與同事往來的過程中，屬於自己向對方提出的要求，都是主動、可以掌控的；屬於對方向自己提出的要求，都是被動、不可掌控的。若要協調好同事之間的關係，首先必須學會巧妙應付同事提出的要求。

有些缺乏社交經驗的領導者，往往習慣用單向思維考慮和處理同事提出的要求，因此，儘管有時候他們做出的決定是正確的，卻引起了同事的反感。

處理這類事情之時，他們忘記了一條基本原則，就是與同事相處，並不單純爲了追求「正確」，應該在追求「正確」的同時，兼顧「合作」和「情誼」。

譬如在日常工作中，常常可以聽到類似下述的對話：

甲：「明天您能派兩個人，幫我們部門核對一下帳目嗎？」

乙：「不行，我這邊也很忙，抽不出人手。眞不好意思。」

從這段對話可以看出，儘管乙做的決定可能是正確的，也很注意交談方式，十分「禮貌」地回絕了同事的請求，但是，卻仍很可能引起甲的不快和反感。

究其原因，顯然並不在於乙的交談方法是否得當，在於他純粹採用了單向思維的方式，簡單地在「行」和「不行」之間進行抉擇。

這樣做，勢必使自己在處理同事之間的關係時，迴旋的餘地很小，也很難做到既追求「正確」，又兼顧「合作」和「情誼」。

在這種時候，倘若改用多向思維的方式考慮，妥善處理同事的要求，結果就會大不相同。例如，乙可以在下列幾種回答方式中，任選一種最佳方式，巧妙地回答

甲。

•折衷方式（部分滿足對方）：「好，我設法抽一個人給您，但另一個人請您向別的部門要求可以嗎？眞對不起，我們這邊的人手實在不足。」

•緩解方式（逐步滿足對方）：「我可以抽兩個人給您，不過得過幾天。如果您急著用的話，我明天先給您一個人，過五天後再給您另一個人，這樣可以嗎？」

•轉嫁方式（讓第三者滿足對方）：「我一定設法讓您得到兩個人。這樣吧，我去找別的部門商量看看，待會兒再給您答覆好嗎？」

•推遲方式（暫時不正面答覆對方）：「請讓我考慮一下，但我會盡快答覆您好嗎？眞對不起。」

•修正方式（以新方案「修正」對方的要求，實際上是巧妙地否定或拒絕了對方的要求）：「我有一個好主意，我們跟上司商量看看，將這份工作轉給另一個部門負責。這樣您不就省事了嗎？」

•變通方式（在數量上滿足對方，質量上遷就自己；或者形式上滿足對方，實質上遷就自己）：「我可以支援您兩個人。不過，這兩個人不是從我的部門抽調，

是由我從另一個部門抽調，這樣好嗎？」

僅就這件小事，若運用多向思維考慮和處理問題，就會有上述多種可供選擇的理想方案。事實上，可供選擇的處理方案還遠不止這些。

按照同樣的道理，處理同事之間一切問題時，都可以分別採取「部分滿足」、「逐步滿足」、「轉嫁滿足」、「迴避答覆」、「巧妙否定」、「形式上滿足」、「看似滿足、實質拒絕」等多種方式，巧妙應對。

如此一來，自己既不用花費太多心力，也不會傷害同事間的情誼，無疑是一舉兩得的最佳應對方法。

如何巧妙拒絕別人？

首先要先認同對方說的話，平息他的怒火，對方就會不容易對你產生敵意，也能滿足他的自尊心。

世間的每個人都是獨立的個體，也擁有各自的思想和行爲模式，因此，面對不盡如己意的景況，希臘詩人荷馬曾經勸告我們說：「把你激動的心情按捺下去，因為溫和的方式最適宜；還要遠離那些劇烈的競爭。」

當對方否定或拒絕你的意見或想法時，你會有什麼樣的感覺呢？任何人一定都會覺得不太高興吧！這時必然會有一股怒氣油然而升，或對對方產生反感。因爲對方的拒絕或否定，會使我們的自尊心受到很大的傷害。

在這種狀況下，我們應該如何委婉地拒絕別人，才不會讓對方產生不愉悅或自尊心受損的感覺呢？

一、當對方說話時，不要每次都反駁他。

很多人發表意見時，都會聽到直接否定或拒絕的反應：「不對，我不那麼認爲，那應該是這樣的……」「是嗎？我覺得不是這樣……」「你在說什麼？這怎麼可能呢？你講話好奇怪……」等等。

其實，這些話對一般人來說，聽到只會越來越反感而已。所以說，這是一種最差勁的拒絕及否定法。

二、要聆聽對方的話，直到告一段落。

聆聽他人說話，一定要等到對方說話告一個段落爲止，即使你有反對的意見，也應該暫時忍住，無須急於表現。

因爲發言的人會想將自己想法完整的表達讓對方知道，並希望得到對方認同，因此對於話題被中斷、遭到否定一定會很生氣。

三、先表示認同對方的態度，再提出反對意見。

當你聽完對方的話後，必須針對對方的話，傳達出自己並不是否定對方的想

法，而且彼此的構想其實是有相通之處，只是做法上有些不同，而關於這一點可以再作溝通和討論。

若是直截了當地表示反對或否定，對方必然會對你產生反感或敵意。所以，首先要先認同對方說的話，你可以這樣說來平息他的怒火：「是，你說的話我很明白。」

這樣一來，對方就會不容易對你產生敵意，也能滿足他的自尊心。接下來，你可以試著說出自己的想法：「我也很贊同，不過，我另外有一個的想法。你覺得如何呢？如果有不對的地方請提出來。」

這樣一來，對方就不會對你反感，而且大多能冷靜思考你所說的話，並且接受你的建議。

小小問候也有大效用

「問候」雖然只是個小細節，但卻扮演著很重要的角色，因為它是拓展人際關係的第一步，能加強彼此間的情誼，讓對方留下好印象。

人們見面時，問候是不可缺少的一個重要環節。

我們在寫信、打電話時，首先要向他人問好，遇見熟人也會相互打個招呼，這些都是所謂的「問候」。

在公共場合中，人們經常用「你好」、「很高興見到你」這類普遍適用的問候語。不過，問候時，還應注意表情要和藹可親，面帶溫暖的微笑，否則，對方會對你的誠意感到懷疑。

在我們的社會中，最常用的問候語是：「您吃飽了嗎？」或「您剛回來？」或

「您去哪啦？」

書信中或是打電話時，最愛用「您身體好嗎？」或「您在忙些什麼？」這類問候語表達出自己對對方的關懷之意，使人感到親切自然。但是，像「您去哪啦？」或「吃飽了嗎？」這一類習慣性的問候語，在有外賓的場合中是不宜採用的。

因爲外國人強調個人自由不容干涉，個人隱私不容窺視，無法理解和接受這類問候語。他們認爲，如此問候他人，不是多管閒事，就是蓄意窺探他人隱私、干涉他人的行動自由。

若是不瞭解外國人這一習慣，認爲平常使用的問候語到哪都行得通，也對外賓照用不誤的話，結果必然會使對方不快，甚至由此發生誤解。

因此，在有外賓的場合中要相互問候時，雙方可使用相同的問候語，例如，「你好」就是一種通用的問候語。

還有另一種問候方式，就是所謂的「致意」。由於致意大都是不出聲的問候，如微笑、點頭、舉手、欠身和脫帽等，因此致意時，與對方的距離不可過遠，也不要站在對方的側面或背後，必須要讓對方看到。

此外，致意時也應注意面部表情要保持親切和藹。

致意是有一定規則的：男士應先向女士致意；年輕人應先向年老人致意；學生應先向老師致意；下級應先向上級致意。若是年輕女士遇見比自己歲數大很多的男士時，應當首先向他致意。

致意的方式有多種。例如，微笑致意即面帶笑容、不出聲地笑，可用於在同一場合中反覆見面的朋友，也可以用於在社交場合中與不相識者見面之時。

第二種致意方式是點頭。若是向朋友點頭致意，頭應向下微微一動，幅度不可過大，也不必點頭不止。這種方式適用於不宜交談的場合。

第三種致意方式是舉手。向距離較遠的熟人打招呼時，一般都會以舉手來向對方致意。自己不必出聲，只要將右手臂伸直，掌心朝著對方，稍稍揮一下手就行了，不需要反覆搖晃。

第四種致意方式是欠身，這動作是表示對他人的一種敬意，適用的範圍最爲廣泛，不論是對平輩或長輩、熟識者或不熟的人，均可使用這種致意方式。

第五種致意方式是脫帽，向朋友脫帽致意最爲禮貌。若是與朋友相遇並擦身而過，可回頭問聲好，並以一隻手輕輕地掀一下帽子，不必將整頂帽子脫下。

總之，不論是說問候語或用動作致意，都是「問候」對方的方式。

在人際交往中，「問候」雖然只是個小小的細節，但卻扮演著很重要的角色，因爲它是拓展人際關係的第一步，也能加強彼此間的情誼，更能讓對方留下好印象，所以千萬別輕忽了這個小動作。尤其是常需與許多人接觸的領導者，更得明瞭「問候」的重要性。

溝通智典

40

換個說詞，就能改變對方的態度

作　　者　王　照
社　　長　陳維都
藝術總監　黃聖文
編輯總監　王郡凌
出 版 者　普天出版家族有限公司
　　　　　新北市汐止區忠二街 6 巷 15 號
　　　　　TEL / (02) 26435033 (代表號)
　　　　　FAX / (02) 26486465
　　　　　E-mail：asia.books@msa.hinet.net
　　　　　http://www.popu.com.tw/
　　　　　郵政劃撥 19091443 陳維都帳戶
總 經 銷　旭昇圖書有限公司
　　　　　新北市中和區中山路二段 352 號 2F
　　　　　TEL / (02) 22451480 (代表號)
　　　　　FAX / (02) 22451479
　　　　　E-mail：s1686688@ms31.hinet.net
法律顧問　西華律師事務所・黃憲男律師
電腦排版　巨新電腦排版有限公司
印製裝訂　久裕印刷事業有限公司
出 版 日　2022 (民 111) 年 6 月第 1 版
ISBN◉978-986-389-824-5　　條碼 9789863898245

國家圖書館出版品預行編目資料

換個說詞，就能改變對方的態度 /
王照著.—第 1 版.—：新北市,普天出版
民 111.6 面；公分. -（溝通智典；40）
ISBN◉978-986-389-824-5 (平裝)

普 天 之 下 · 盡 是 好 書

普天出版家族
Popular Press Family

凌雲 A-Plus Creative Company 文創